Herramientas de
DEEP LEARNING

Arquitecturas de Redes Neuronales

Ejemplos con MATLAB

César Pérez López

Instituto de Estudios Fiscales (IEF)

Herramientas de
DEEP LEARNING

Arquitecturas de Redes Neuronales

Ejemplos con MATLAB

grupo editorial

Herramientas de Deep Learning. Arquitecturas de Redes Neuronales. Ejemplos con Matlab

César Pérez López

ISBN: 978-84-1903-468-7

IBERGARCETA PUBLICACIONES, S.L., Madrid, 2025

Edición: 1.ª

Nº de páginas: 216

Formato: 17 × 24 cm.

Thema: UYQM. Aprendizaje automático («Machine Learning»)

Herramientas de Deep Learning. Arquitecturas de Redes Neuronales. Ejemplos con Matlab
ISBN: **978-84-1903-468-7**
© **César Pérez López**
COPYRIGHT © 2025 IBERGARCETA PUBLICACIONES, S.L.
Foto de cubierta: © Isabel Capella.

Edición: 1.ª
Impresión: 1.ª
Depósito legal: M-11294-2025
Impresión: Imprenta Valle del Tietár, S.L.
OI: 0093/2025

CONTENIDO

CAPÍTULO 8. HERRAMIENTAS DE APRENDIZAJE PROFUNDO.
ARQUITECTURA DE REDES NEURONALES:
REDES NEURONALES PERSONALIZADAS 191

Capítulo 1

INTRODUCCIÓN AL APRENDIZAJE PROFUNDO Y LAS REDES NEURONALES

1.1 APRENDIZAJE PROFUNDO (DEEP LEARNING)

El aprendizaje profundo (traducido como *deep learning*) es un subconjunto del aprendizaje automático basado en redes neuronales artificiales. El proceso de este aprendizaje se llama profundo porque esta estructura de red consiste en tener múltiples entradas, salidas y capas ocultas.

Cada capa contiene unidades que transforman los datos de entrada en información y, de este modo, la siguiente capa puede utilizarla para una determinada tarea de predicción. De este modo, una máquina puede aprender a través de su propio procesamiento de datos.

La teoría es necesaria pero cuando somos capaces de imaginar casos hipotéticos aplicados a casos reales es cuando mejor entendemos un concepto, por lo que a continuación enumeramos algunas posibles aplicaciones del Deep Learning:

- La identificación de imágenes para buscar productos en un sitio web de comercio electrónico o incluso la identificación de logotipos y marcas en fotografías publicadas en las redes sociales.

- El aprendizaje profundo también puede ayudarnos a identificar clientes potenciales, estudiando sus comportamientos y monitorizando sus reacciones en los canales online en tiempo real respecto a nuestra marca o nuevos productos.

- Podemos orientar los anuncios en función de las preferencias de los clientes.

- Como hemos dicho anteriormente, el aprendizaje profundo permite identificar fotografías, vídeos, voz u otras características. Este reconocimiento puede aplicarse, por ejemplo, a la identificación de dolencias en radiografías o resonancias magnéticas.

- Detección automática de fraudes o ataques de ciberseguridad, vigilando el seguimiento de patrones ya repetidos anteriormente en otras acciones fraudulentas.

- Escucha social, capaz de identificar sentimientos positivos o negativos en textos y palabras clave.

1.2 DEEP LEARNING CON MATLAB: NEURAL NETWORK TOOLBOX (CAJA DE HERRAMIENTAS DE APRENDIZAJE PROFUNDO)

MATLAB dispone de la herramienta Neural Network Toolbox (Deep Leraning toolbox hasta la versión 18) que proporciona algoritmos, funciones y aplicaciones para crear, entrenar, visualizar y simular redes neuronales. Puede realizar tareas de clasificación, regresión, agrupación, reducción de la dimensionalidad, previsión de series temporales y modelado y control de sistemas dinámicos.

La caja de herramientas incluye algoritmos de aprendizaje profundo de redes neuronales convolucionales y autocodificadores para tareas de clasificación de imágenes y aprendizaje de características. Para acelerar el entrenamiento de grandes conjuntos de datos, puede distribuir los cálculos y los datos entre procesadores multinúcleo, GPU y clústeres informáticos mediante Parallel Computing Toolbox.

1.3 USO DE LA CAJA DE HERRAMIENTAS DE DEEP LEARNING

Hay cuatro maneras de utilizar el software Neural Network Toolbox.

- La primera forma es a través de sus herramientas. Puede abrir cualquiera de estas herramientas desde una herramienta maestra iniciada con el comando *nnstart*. Estas herramientas proporcionan una manera conveniente de acceder a las capacidades de la caja de herramientas para las siguientes tareas:

o   Ajuste de funciones (*nftool*)

o   Reconocimiento de patrones (*nprtool*)

o   Agrupación de datos (*nctool*)

o   Análisis de series temporales (*ntstool*)

- La segunda forma de utilizar la caja de herramientas es a través de las operaciones básicas de la línea de comandos. Las operaciones de la línea de comandos ofrecen más flexibilidad que las herramientas, pero con cierta complejidad añadida. Si esta es su primera experiencia con la caja de herramientas, las herramientas proporcionan la mejor introducción. Además, las herramientas pueden generar scripts de código MATLAB documentado para proporcionarle plantillas para crear sus propias funciones de línea de comandos personalizadas. El proceso de utilizar primero las herramientas, y luego generar y modificar los scripts de MATLAB, es una excelente manera de aprender sobre la funcionalidad de la caja de herramientas.

- La tercera forma de utilizar la caja de herramientas es mediante la personalización. Esta capacidad avanzada le permite crear sus propias redes neuronales personalizadas, sin dejar de tener acceso a toda la funcionalidad de la caja de herramientas. Puede crear redes con conexiones arbitrarias y seguir entrenándolas con las funciones de entrenamiento existentes en la caja de herramientas (siempre que los componentes de la red sean diferenciables).

- La cuarta forma de utilizar la caja de herramientas es mediante la posibilidad de modificar cualquiera de las funciones contenidas en ella. Cada componente computacional está escrito en código MATLAB y es totalmente accesible.

Estos cuatro niveles de uso de la caja de herramientas abarcan desde el principiante hasta el experto: las herramientas sencillas guían al nuevo usuario a través de aplicaciones específicas, y la personalización de la red permite a los investigadores probar nuevas arquitecturas con un esfuerzo mínimo. Sea cual sea su nivel de conocimiento de las redes neuronales y de MATLAB, hay funciones de la caja de herramientas que se adaptan a sus necesidades.

1.4 GENERACIÓN AUTOMÁTICA DE GUIONES

Las propias herramientas constituyen una parte importante del proceso de aprendizaje del software Neural Network Toolbox. Le guían a través del proceso de diseño de redes neuronales para resolver problemas en cuatro importantes áreas de aplicación, sin requerir ningún tipo de experiencia en redes neuronales o sofisticación en el uso de MATLAB. Además, las herramientas pueden generar automáticamente scripts de MATLAB, tanto sencillos como avanzados, que pueden reproducir los pasos realizados por la herramienta, pero con la opción de anular la configuración predeterminada. Estos scripts pueden proporcionarle plantillas para crear código personalizado y pueden ayudarle a familiarizarse con la funcionalidad de la línea de comandos de la caja de herramientas. Se recomienda encarecidamente utilizar la función de generación automática de scripts de estas herramientas.

1.5 INTRODUCCIÓN A LAS REDES NEURONALES

La teoría de las redes neuronales se inspira en la red neuronal natural del sistema nervioso humano. Es posible definir una red neuronal como un sistema informático formado por un número de elementos de procesamiento simples y altamente interconectados, que procesan la información por su respuesta de estado dinámico a las entradas externas.

Una red neuronal artificial (RNA) es un paradigma de procesamiento de la información que se inspira en la forma en que los sistemas nerviosos biológicos, como el cerebro, procesan la información. El elemento clave de este paradigma es la novedosa estructura del sistema de procesamiento de la información. Está compuesto por un gran número de elementos de procesamiento altamente interconectados (neuronas) que trabajan al unísono para resolver problemas específicos. Las RNA, al igual que las personas, aprenden mediante el ejemplo. Una RNA se configura para una aplicación específica, como el reconocimiento de patrones o la clasificación de datos, mediante un proceso de aprendizaje. El aprendizaje en los sistemas biológicos implica ajustes en las conexiones sinápticas que existen entre las neuronas. Lo mismo ocurre con las RNA.

El cerebro humano está compuesto por 100.000 millones de células nerviosas llamadas neuronas. Están conectadas a otras mil células por medio de axones. Los estímulos del entorno externo o las entradas de los órganos sensoriales son aceptados por las dendritas. Estas entradas crean impulsos eléctricos, que viajan rápidamente a través de la red neuronal. Una neurona puede entonces enviar el mensaje a otra neurona para que se encargue del asunto o no lo envía. Las RNA están compuestas por múltiples nodos, que imitan a las neuronas biológicas del cerebro humano. Las neuronas están conectadas por enlaces e interactúan entre sí. Los nodos pueden tomar datos de entrada y realizar operaciones sencillas con ellos. El resultado de estas operaciones se transmite a otras neuronas. La salida de cada nodo se llama activación o valor del nodo.

Las simulaciones de redes neuronales parecen ser un desarrollo reciente. Sin embargo, este campo se estableció antes de la llegada de los ordenadores, y ha sobrevivido al menos a un gran revés y a varias épocas. Muchos avances importantes se han visto impulsados por el uso de emulaciones informáticas de bajo coste. Tras un periodo inicial de entusiasmo, el campo sobrevivió a un periodo de frustración y descrédito. Durante este periodo, en el que la financiación y el apoyo profesional eran mínimos, se produjeron importantes avances por parte de un número relativamente reducido de investigadores. Estos pioneros fueron capaces de desarrollar una tecnología convincente que superaba las limitaciones identificadas por Minsky y Papert. Minsky y Papert, publicaron un libro (en 1969) en el que resumían un sentimiento general de frustración (contra las redes neuronales) entre los investigadores, por lo que fue aceptado por la mayoría sin más análisis. En la actualidad, el campo de las redes neuronales goza de un resurgimiento del interés y del correspondiente aumento de la financiación.

Las redes neuronales, con su notable capacidad para extraer el significado de datos complicados o imprecisos, pueden utilizarse para extraer patrones y detectar tendencias que son demasiado complejas como para que los humanos u otras técnicas informáticas las noten. Una red neuronal entrenada puede considerarse un "experto" en la categoría de información que debe analizar. Este experto puede utilizarse para realizar proyecciones ante nuevas situaciones de interés y responder a preguntas del tipo "qué pasaría si".

Otras ventajas son:

1. Aprendizaje adaptativo: Capacidad de aprender a realizar tareas en función de los datos aportados para el entrenamiento o la experiencia inicial.

2. Autoorganización: Una RNA puede crear su propia organización o representación de la información que recibe durante el tiempo de aprendizaje.

3. Funcionamiento en tiempo real: Los cálculos de las RNA pueden realizarse en paralelo, y se están diseñando y fabricando dispositivos de hardware especiales que aprovechan esta capacidad.

4. Tolerancia a los fallos mediante la codificación de información redundante: La destrucción parcial de una red conlleva la correspondiente degradación del rendimiento. Sin embargo, algunas capacidades de la red pueden conservarse incluso con daños importantes en la red.

Las redes neuronales adoptan un enfoque de la resolución de problemas diferente al de los ordenadores convencionales. Los ordenadores convencionales utilizan un enfoque algorítmico, es decir, el ordenador sigue un conjunto de instrucciones para resolver un problema. A menos que se conozcan los pasos específicos que debe seguir el ordenador, éste no puede resolver el problema. Esto restringe la capacidad de resolución de problemas de los ordenadores convencionales a los problemas que ya entendemos y sabemos cómo resolver. Pero los ordenadores serían mucho más útiles si pudieran hacer cosas que no sabemos exactamente cómo hacer.

Las redes neuronales procesan la información de forma similar a como lo hace el cerebro humano. La red está compuesta por un gran número de elementos de procesamiento altamente interconectados (neuronas) que trabajan en paralelo para resolver un problema específico. Las redes neuronales aprenden mediante el ejemplo. No pueden programarse para realizar una tarea específica. Los ejemplos deben seleccionarse cuidadosamente, ya que de lo contrario se pierde tiempo útil o, lo que es peor, la red puede funcionar de forma incorrecta. La desventaja es que, como la red descubre por sí misma cómo resolver el problema, su funcionamiento puede ser imprevisible.

Por otro lado, los ordenadores convencionales utilizan un enfoque cognitivo para la resolución de problemas; hay que conocer el modo en que se va a resolver el problema y expresarlo en pequeñas instrucciones inequívocas. Estas instrucciones se convierten en un programa de lenguaje de alto nivel y luego en un código de máquina que el ordenador puede entender. Estas máquinas son totalmente predecibles; si algo va mal es debido a un fallo del software o del hardware.

Las redes neuronales y los ordenadores algorítmicos convencionales no compiten, sino que se complementan. Hay tareas que son más adecuadas para un enfoque algorítmico, como las operaciones aritméticas, y tareas que son más adecuadas para las redes neuronales. Es más, un gran número de tareas requieren sistemas que utilicen una combinación de los dos enfoques (normalmente se utiliza un ordenador convencional para supervisar la red neuronal) con el fin de rendir al máximo.

1.6 ESTRUCTURA DE UNA RED NEURONAL

1.6.1 Neuronas simples

Una neurona artificial es un dispositivo con muchas entradas y una salida. La neurona tiene dos modos de funcionamiento: el modo de entrenamiento y el modo de uso. En el modo de entrenamiento, la neurona puede ser entrenada para disparar (o no), para determinados patrones de entrada. En el modo de uso, cuando se detecta un patrón de entrada enseñado en la entrada, su salida asociada se convierte en la salida actual. Si el patrón de entrada no pertenece a la lista enseñada de patrones de entrada, la regla de disparo se utiliza para determinar si se dispara o no.

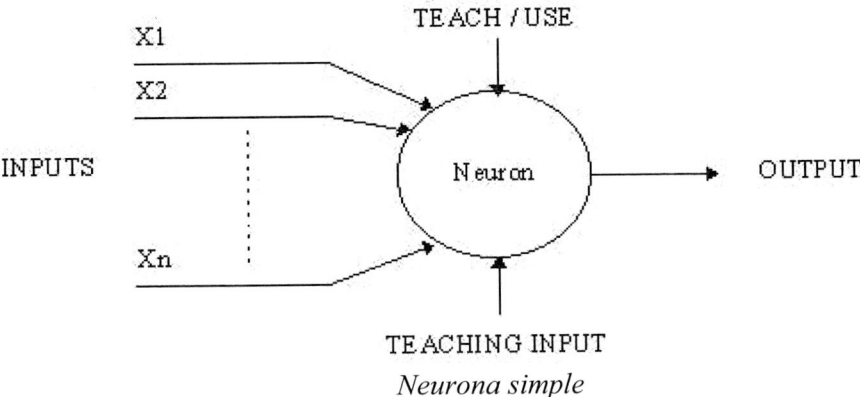

Neurona simple

1.6.2 Neuronas compuestas

La neurona anterior no hace nada que no hagan ya los ordenadores convencionales. Una neurona más sofisticada es el modelo de McCulloch y Pitts (MCP). La diferencia con el modelo anterior es que las entradas están "ponderadas", el efecto que tiene cada entrada en la toma de decisiones depende del peso de la entrada concreta. El peso de una entrada es un número que, cuando se multiplica por la entrada, da la entrada ponderada. Estas entradas ponderadas se suman y si superan un valor umbral preestablecido, la neurona se dispara. En cualquier otro caso, la neurona no se dispara.

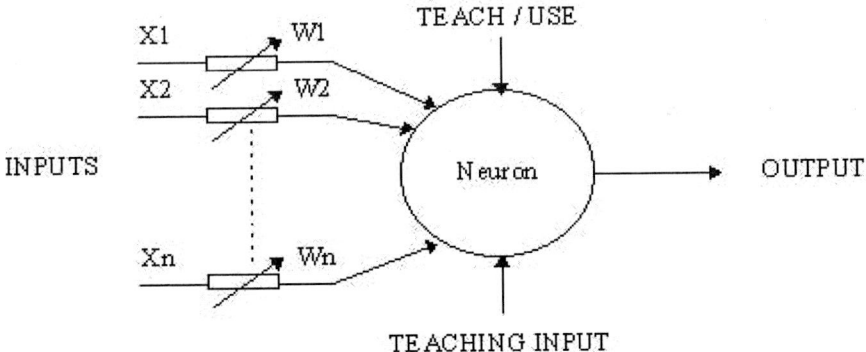

Una neurona compuesta

En términos matemáticos, la neurona se dispara si y sólo si;

$$X1W1 + X2W2 + X3W3 + \ldots > T$$

La adición de pesos de entrada y del umbral hace que esta neurona sea muy flexible y potente. La neurona compuesta tiene la capacidad de adaptarse a una situación particular cambiando sus pesos y/o su umbral. Existen varios algoritmos que hacen que la neurona se "adapte"; los más utilizados son la regla Delta y la propagación de errores hacia atrás. La primera se utiliza en las redes feed-forward y la segunda en las redes de retroalimentación.

1.7 ARQUITECTURA DE LAS REDES NEURONALES

1.7.1 Redes feed-forward

Las RNA feed-forward permiten que las señales viajen en un solo sentido: de la entrada a la salida. No hay retroalimentación (bucles), es decir, la salida de cualquier capa no afecta a esa misma capa. Las RNA feed-forward suelen ser redes directas que asocian las entradas con las salidas. Se utilizan mucho en el reconocimiento de patrones. Este tipo de organización también se denomina ascendente o descendente.

1.7.2 Redes de retroalimentación

Las redes de retroalimentación pueden tener señales que viajan en ambas direcciones introduciendo bucles en la red. Las redes de retroalimentación son muy potentes y pueden llegar a ser extremadamente complicadas. Las redes de retroalimentación son dinámicas; su "estado" cambia continuamente hasta que alcanzan un punto de equilibrio. Permanecen en el punto de equilibrio hasta que la entrada cambia y hay que encontrar un nuevo equilibrio. Las arquitecturas de retroalimentación también se denominan interactivas o recurrentes, aunque este último término suele utilizarse para designar las conexiones de retroalimentación en organizaciones de una sola capa.

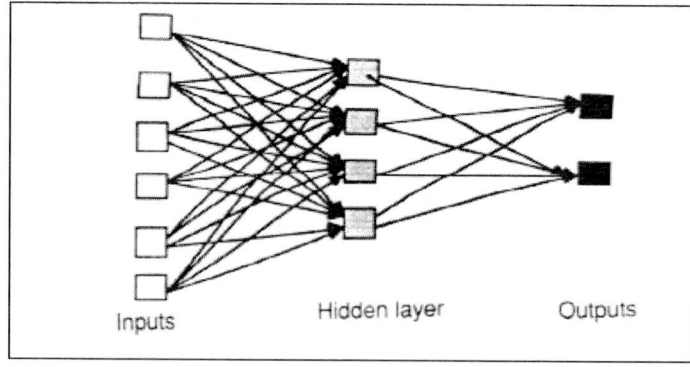

Un ejemplo de una red simple de alimentación

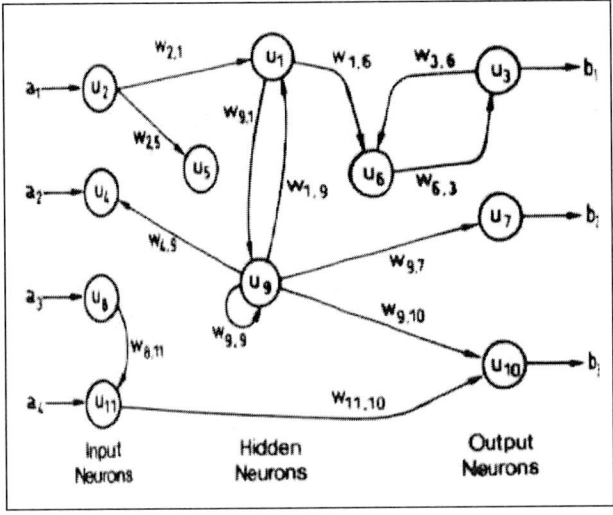

Un ejemplo de red compuesta

1.7.3 Capas de la red

El tipo más común de red neuronal artificial consta de tres grupos, o capas, de unidades: una capa de unidades **"de entrada"** está conectada a una capa de unidades **"ocultas"**, que está conectada a una capa de unidades **"de salida"**.

La actividad de las unidades de entrada representa la información bruta que se introduce en la red.

- La actividad de cada unidad oculta está determinada por las actividades de las unidades de entrada y los pesos de las conexiones entre las unidades de entrada y las ocultas.
- El comportamiento de las unidades de salida depende de la actividad de las unidades ocultas y de los pesos entre las unidades ocultas y de salida.

Este sencillo tipo de red es interesante porque las unidades ocultas son libres de construir sus propias representaciones de la entrada. Los pesos entre las unidades de entrada y las ocultas determinan cuándo está activa cada unidad oculta, por lo que, al modificar estos pesos, una unidad oculta puede elegir lo que representa.

También distinguimos las arquitecturas monocapa y multicapa. La organización monocapa, en la que todas las unidades están conectadas entre sí, constituye el caso más general y tiene más potencial de cálculo que las organizaciones multicapa estructuradas jerárquicamente. En las redes multicapa, las unidades suelen estar numeradas por capas, en lugar de seguir una numeración global.

1.7.4 Perceptrones

Los trabajos más influyentes sobre las redes neuronales en los años 60 fueron los denominados "perceptrones", término acuñado por Frank Rosenblatt. El perceptrón resulta ser un modelo de composición (neurona con entradas ponderadas) con algún preprocesamiento adicional, fijo. Las unidades etiquetadas A1, A2, Aj , Ap se denominan unidades de asociación y su tarea consiste en extraer características específicas y localizadas de las imágenes de entrada. Los perceptrones imitan la idea básica del sistema visual de los mamíferos. Se utilizaron principalmente en el reconocimiento de patrones, aunque sus capacidades se extendieron mucho más.

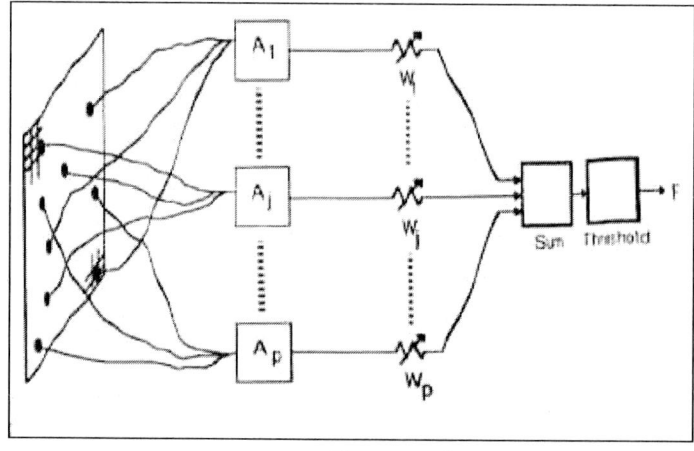

Perceptrón

En 1969 Minsky y Papert escribieron un libro en el que describían las limitaciones de los perceptrones de una sola capa. El impacto que tuvo el libro fue tremendo e hizo que muchos investigadores de redes neuronales perdieran su interés. El libro estaba muy bien escrito y mostraba matemáticamente que los perceptrones de una sola capa no podían realizar algunas operaciones básicas de reconocimiento de patrones, como determinar la paridad de una forma o determinar si una forma está conectada o no. De lo que no se dieron cuenta, hasta los años 80, es de que, con el entrenamiento adecuado, los perceptrones multinivel pueden realizar estas operaciones.

1.8 EL PROCESO DE APRENDIZAJE

La memorización de patrones y la posterior respuesta de la red pueden clasificarse en dos paradigmas generales:

- **Mapeo asociativo** en el que la red aprende a producir un patrón particular en el conjunto de unidades de entrada siempre que se aplique otro patrón particular en el conjunto de unidades de entrada. El mapeo asociativo puede dividirse generalmente en dos mecanismos:

    o **Auto-asociación**: un patrón de entrada se asocia consigo mismo y los estados de las unidades de entrada y salida coinciden. Esto se utiliza para completar el patrón, es decir, para producir un patrón siempre que se presente una parte del mismo o un patrón distorsionado. En el segundo caso, la red almacena realmente pares de patrones construyendo una asociación entre dos conjuntos de patrones.

    o **Hetero-asociación**: está relacionada con dos mecanismos de recuerdo: el recuerdo *del vecino más cercano*, en el que el patrón de salida producido corresponde al patrón de entrada almacenado, que es el más cercano al patrón presentado, y la recuperación *interpolatoria*, en la que el patrón de salida es una interpolación dependiente de la similitud de los patrones almacenados correspondientes al patrón presentado. Otro paradigma, que es una variante del mapeo asociativo, es la clasificación, es decir, cuando hay un conjunto fijo de categorías en las que se deben clasificar los patrones de entrada.

- **Detección de regularidad**, en la que las unidades aprenden a responder a propiedades particulares de los patrones de entrada. Mientras que en el mapeo asociativo la red almacena las relaciones entre patrones, en la detección de regularidades la respuesta de cada unidad tiene un "significado" particular. Este tipo de mecanismo de aprendizaje es esencial para el descubrimiento de características y la representación del conocimiento.

Toda red neuronal posee un conocimiento que está contenido en los valores de los pesos de las conexiones. La modificación del conocimiento almacenado en la red en función de la experiencia implica una regla de aprendizaje para cambiar los valores de los pesos.

La información se almacena en la matriz de pesos W de una red neuronal. El aprendizaje consiste en determinar los pesos.

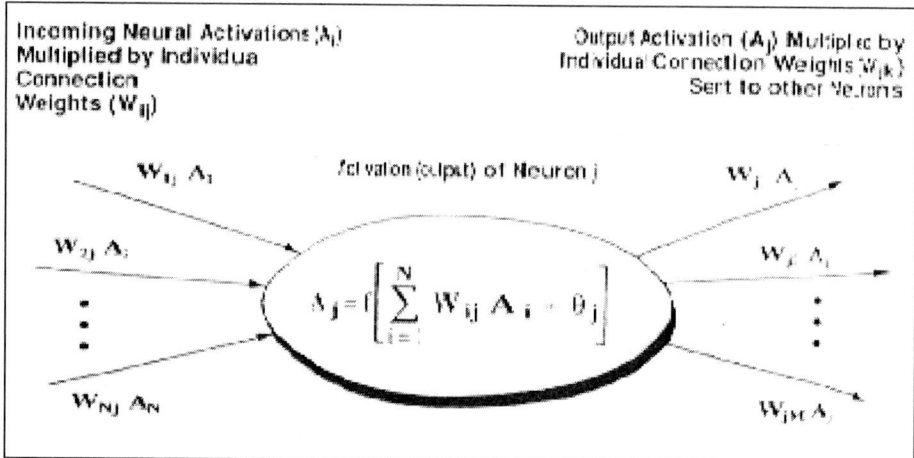

Según la forma en que se realiza el aprendizaje, podemos distinguir dos grandes categorías de redes neuronales:

- **Redes fijas** en las que los pesos no pueden modificarse, es decir, dW/dt=0. En estas redes, los pesos se fijan a priori en función del problema a resolver.

- **Redes adaptativas** que son capaces de cambiar sus pesos, es decir, dW/dt $\neq$ 0.

Todos los métodos de aprendizaje utilizados para las redes neuronales adaptativas pueden clasificarse en dos grandes categorías:

- **Aprendizaje supervisado** que incorpora un profesor externo, de modo que se indica a cada unidad de salida cuál debe ser su respuesta deseada a las señales de entrada. Durante el proceso de aprendizaje se puede requerir información global. Los paradigmas del aprendizaje supervisado incluyen el aprendizaje de corrección de errores, el aprendizaje de refuerzo y el aprendizaje estocástico.

Una cuestión importante en el aprendizaje supervisado es el problema de la convergencia del error, es decir, la minimización del error entre los valores unitarios deseados y los calculados. El objetivo es determinar un conjunto de pesos que minimice el error. Un método bien conocido, que es común a muchos paradigmas de aprendizaje, es la convergencia del mínimo cuadrático medio (LMS).

- **Aprendizaje no supervisado** no utiliza ningún maestro externo y se basa únicamente en la información local. También se denomina autoorganización, en el sentido de que autoorganiza los datos presentados a la red y detecta sus propiedades colectivas emergentes. Los paradigmas del aprendizaje no supervisado son el aprendizaje Hebbiano y el aprendizaje competitivo.

1.8.1 Función de Transferencia (activación)

El comportamiento de una RNA (red neuronal artificial) depende tanto de los pesos como de la función de entrada-salida (función de activación) que se especifique para las unidades. Esta función suele corresponder a una de estas tres categorías:

- lineal (o rampa)
- umbral
- sigmoide

Para las **unidades lineales**, la actividad de salida es proporcional a la producción total ponderada.

En el caso de **las unidades de umbral**, la salida se establece en uno de los dos niveles, dependiendo de si la entrada total es mayor o menor que algún valor de umbral.

En el caso de las unidades **sigmoides**, la salida varía de forma continua pero no lineal a medida que cambia la entrada. Las unidades sigmoides se parecen más a las neuronas reales que las lineales o las de umbral, pero las tres deben considerarse aproximaciones.

Para crear una red neuronal que realice alguna tarea específica, debemos elegir cómo se conectan las unidades entre sí, y debemos establecer los pesos de las conexiones de forma adecuada. Las conexiones determinan si es posible que una unidad influya en otra. Los pesos especifican la fuerza de la influencia.

Podemos enseñar a una red de tres capas a realizar una tarea concreta mediante el siguiente procedimiento:

1. Presentamos a la red ejemplos de entrenamiento, que consisten en un patrón de actividades para las unidades de entrada junto con el patrón de actividades deseado para las unidades de salida.

2. Determinamos el grado de coincidencia entre la salida real de la red y la salida deseada.

3. Cambiamos el peso de cada conexión para que la red produzca una mejor aproximación a la salida deseada.

1.8.2 Un ejemplo para ilustrar el procedimiento

Supongamos que queremos que una red reconozca los dígitos escritos a mano. Podríamos utilizar una matriz de, digamos, 256 sensores, cada uno de los cuales registraría la presencia o ausencia de tinta en una pequeña zona de un solo dígito. La red necesitaría, por tanto, 256 unidades de entrada (una por cada sensor), 10 unidades de salida (una por cada tipo de dígito) y un número de unidades ocultas.

Para cada tipo de dígito registrado por los sensores, la red debe producir una actividad alta en la unidad de salida apropiada y una actividad baja en las otras unidades de salida.

Para entrenar la red, presentamos una imagen de un dígito y comparamos la actividad real de las 10 unidades de salida con la actividad deseada. A continuación, calculamos el error, que se define como el cuadrado de la diferencia entre las actividades reales y las deseadas. A continuación, cambiamos el peso de cada conexión para reducir el error. Repetimos este proceso de entrenamiento para muchas imágenes diferentes de cada tipo de dígito hasta que la red clasifique cada imagen correctamente.

Para poner en práctica este procedimiento necesitamos calcular la derivada del error para el peso (EW) con el fin de cambiar el peso en una cantidad que sea proporcional a la velocidad a la que cambia el error cuando se cambia el peso. Una forma de calcular la EW es perturbar ligeramente un peso y observar cómo cambia el error. Pero este método es ineficaz porque requiere una perturbación distinta para cada uno de los muchos pesos.

Otra forma de calcular el EW es utilizar el algoritmo de retropropagación que se describe a continuación, y que se ha convertido en la actualidad en una de las herramientas más importantes para el entrenamiento de redes neuronales. Fue desarrollado de forma independiente por dos equipos, uno (Fogelman-Soulie, Gallinari y Le Cun) en Francia y otro (Rumelhart, Hinton y Williams) en Estados Unidos.

1.8.3 El algoritmo de retropropagación

Para entrenar una red neuronal para que realice alguna tarea, debemos ajustar los pesos de cada unidad de forma que se reduzca el error entre la salida deseada y la salida real. Este proceso requiere que la red neuronal calcule la derivada del error de los pesos (EW). En otras palabras, debe calcular cómo cambia el error a medida que se aumenta o disminuye ligeramente cada peso. El algoritmo de retropropagación es el método más utilizado para determinar la EW.

El algoritmo de retropropagación es más fácil de entender si todas las unidades de la red son lineales. El algoritmo calcula cada EW calculando primero el EA, la velocidad a la que cambia el error cuando se modifica el nivel de actividad de una unidad. Para las unidades de salida, el EA es simplemente la diferencia entre la salida real y la deseada. Para calcular la EA de una unidad oculta en la capa anterior a la de salida, primero identificamos todos los pesos entre esa unidad oculta y las unidades de salida a las que está conectada. A continuación, multiplicamos esos pesos por los EA de esas unidades de salida y sumamos los productos. Esta suma equivale al EA de la unidad oculta elegida. Después de calcular todos los EAs en la capa oculta justo antes de la capa de salida, podemos calcular de la misma manera los EAs para otras capas, moviéndonos de capa en capa en una dirección opuesta a la forma en que las actividades se propagan a través de la red. Esto es lo que da nombre a la retropropagación. Una vez que se ha calculado el EA para una unidad, es sencillo calcular el EW para cada conexión entrante de la unidad. La EW es el producto de la EA y la actividad a través de la conexión entrante.

Tenga en cuenta que, para las unidades no lineales, el algoritmo de retropropagación incluye un paso adicional. Antes de la retropropagación, el EA debe convertirse en el EI, la tasa a la que cambia el error a medida que se modifica la entrada total recibida por una unidad.

1.8.4 El algoritmo de retropropagación: un enfoque matemático

Las unidades están conectadas entre sí. Las conexiones corresponden a las aristas del grafo dirigido subyacente. Hay un número real asociado a cada conexión, que se denomina peso de la conexión. Denotamos por Wij el peso de la conexión de la unidad ui a la unidad uj. Resulta entonces conveniente representar el patrón de conectividad del grafo mediante una matriz de pesos W cuyos elementos son los pesos Wij. Se suelen distinguir dos tipos de conexiones: excitatorias e inhibitorias.

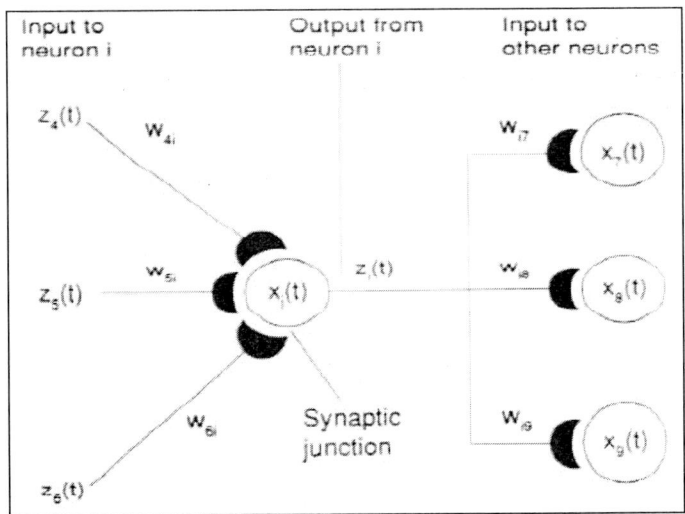

Un peso positivo representa una conexión excitatoria, mientras que un peso negativo representa una conexión inhibitoria. El patrón de conectividad caracteriza la arquitectura de la red.

Una unidad de la capa de salida determina su actividad siguiendo un procedimiento de dos pasos.

En primer lugar, calcula la entrada ponderada total xj, utilizando la fórmula

$$X_j = \sum_i y_i W_{ij}$$

donde yi es el nivel de actividad de la jª unidad en la capa anterior y Wij es el peso de la conexión entre la iª y la jª unidad.

A continuación, la unidad calcula la actividad yj utilizando alguna función de la entrada total ponderada. Normalmente se utiliza la función sigmoidea:

$$y_j = \frac{1}{1 + e^{-x_j}}$$

Una vez determinadas las actividades de todas las unidades de salida, la red calcula el error E, que viene definido por la expresión

$$E = \frac{1}{2} \sum_i (y_i - d_i)^2$$

donde yj es el nivel de actividad de la jª unidad en la capa superior y dj es la salida deseada de la jª unidad.

El algoritmo de retropropagación consta de cuatro pasos:

1. Calcule la rapidez con la que cambia el error cuando se modifica la actividad de una unidad de salida. Esta derivada del error (EA) es la diferencia entre la actividad real y la deseada.

$$EA_j = \frac{\partial E}{\partial y_j} = y_j - d_j$$

2. Calcule la rapidez con la que cambia el error cuando cambia la entrada total recibida por una unidad de salida. Esta cantidad (EI) es la respuesta del paso 1 multiplicada por la velocidad a la que cambia la salida de una unidad cuando cambia su entrada total.

$$EI_j = \frac{\partial E}{\partial x_j} = \frac{\partial E}{\partial y_j} \times \frac{dy_j}{dx_j} = EA_j y_j \left(1 - y_j\right)$$

3. Calcule la rapidez con la que cambia el error cuando se modifica el peso de la conexión a una unidad de salida. Esta cantidad (EW) es la respuesta del paso 2 multiplicada por el nivel de actividad de la unidad de la que emana la conexión.

$$EW_{ij} = \frac{\partial E}{\partial W_{ij}} = \frac{\partial E}{\partial x_j} \times \frac{\partial x_j}{\partial W_{ij}} = EI_j y_i$$

4. Calcular la rapidez con la que cambia el error cuando se modifica la actividad de una unidad de la capa anterior. Este paso crucial permite aplicar la retropropagación a las redes multicapa. Cuando la actividad de una unidad de la capa anterior cambia, afecta a las actividades de todas las unidades de salida a las que está conectada. Por lo tanto, para calcular el efecto global sobre el error, se suman todos estos efectos separados en las unidades de salida. Pero cada efecto es sencillo de calcular. Es la respuesta del paso 2 multiplicada por el peso de la conexión a esa unidad de salida.

$$EA_i = \frac{\partial E}{\partial y_i} = \sum_j \frac{\partial E}{\partial x_j} \times \frac{\partial x_j}{\partial y_i} = \sum_j EI_j W_{ij}$$

Utilizando los pasos 2 y 4, podemos convertir los EAs de una capa de unidades en EAs para la capa anterior. Este procedimiento puede repetirse para obtener los EA de tantas capas anteriores como se desee. Una vez que conozcamos el EA de una unidad, podemos utilizar los pasos 2 y 3 para calcular los EWs de sus conexiones entrantes.

Capítulo 2

APRENDIZAJE PROFUNDO.

PROCESO DE DISEÑO DE REDES NEURONALES

2.1 INTRODUCCIÓN

El flujo de trabajo para el proceso de diseño de redes neuronales tiene siete pasos principales.

1. Recoger datos
2. Crear la red
3. Configurar la red
4. Inicializar los pesos y los sesgos
5. Entrenar la red
6. Validar la red
7. Utilizar la red

La recolección de datos en el paso 1 generalmente ocurre fuera del marco del software Neural Networks Toolbox (Deep Learning Toolbox a partir de la versión 18). Los detalles de los otros pasos y las discusiones de los pasos 4, 6 y 7, se discuten en temas específicos para el tipo de red.

El software Neural Networks Toolbox (Deep Learning Toolbox a partir de la versión 18) utiliza el objeto de red para almacenar toda la información que define una red neuronal. Este tema describe los componentes básicos de una red neuronal y muestra cómo se crean y almacenan en el objeto de red.

Después de crear una red neuronal, hay que configurarla y entrenarla. La configuración consiste en organizar la red para que sea compatible con el problema que se quiere resolver, definido por los datos de muestra. Una vez configurada la red, hay que afinar los parámetros ajustables de la red (llamados pesos y sesgos), para optimizar su rendimiento. Este proceso de ajuste se denomina entrenamiento de la red. La configuración y el entrenamiento requieren que la red reciba datos de ejemplo. Este tema muestra cómo formatear los datos para presentarlos a la red. También se explica la configuración de la red y las dos formas de entrenamiento de la misma: el entrenamiento incremental y el entrenamiento por lotes.

2.2 CUATRO NIVELES DE DISEÑO DE REDES NEURONALES

Hay cuatro niveles diferentes en los que se puede utilizar el software Neural Networks Toolbox (Deep Learning Toolbox a partir de la versión 18). El primer nivel está representado por las interfaces gráficas de usuario. Estas proporcionan una forma rápida de acceder a la potencia de la caja de herramientas para muchos problemas de ajuste de funciones, reconocimiento de patrones, agrupación y análisis de series temporales.

El segundo nivel de uso de la caja de herramientas es a través de las operaciones básicas de la línea de comandos. Las funciones de la línea de comandos utilizan listas de argumentos simples con configuraciones inteligentes por defecto para los parámetros de las funciones. (Este tema, y los siguientes, se centran en las operaciones de la línea de comandos.

Las GUIs descritas en Getting Started pueden generar automáticamente archivos de código MATLAB con la implementación en línea de comandos de las operaciones de la GUI. Esto proporciona una buena introducción al uso de la funcionalidad de la línea de comandos.

Un tercer nivel de uso de la caja de herramientas es la personalización de la misma. Esta capacidad avanzada le permite crear sus propias redes neuronales personalizadas, sin dejar de tener acceso a toda la funcionalidad de la caja de herramientas.

El cuarto nivel de uso de la caja de herramientas es la capacidad de modificar cualquiera de los archivos de código contenidos en la caja de herramientas. Cada componente computacional está escrito en código MATLAB y es totalmente accesible.

2.3 ARQUITECTURAS DE REDES NEURONALES

Dos o más de las neuronas mostradas anteriormente pueden combinarse en una capa, y una red concreta podría contener una o más de estas capas. Consideremos primero una sola capa de neuronas.

2.3.1 Una capa de neuronas

A continuación, se presenta una red de una capa con R elementos de entrada y S neuronas.

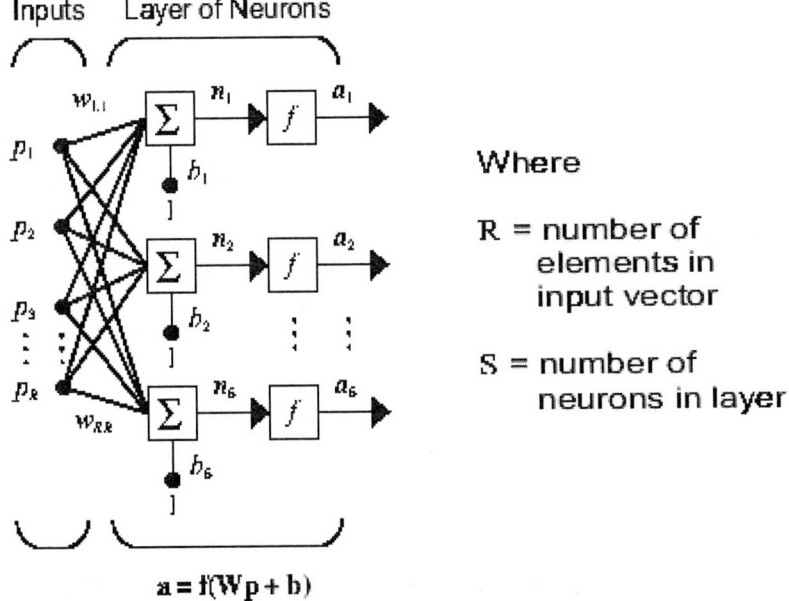

$$a = f(Wp + b)$$

En esta red, cada elemento del vector de entrada **p** se conecta a la entrada de cada neurona a través de la matriz de pesos **W** de la i-ésima neurona tiene un verano que reúne sus entradas ponderadas y su sesgo para formar su propia salida escalar $n(i)$. Las distintas $n(i)$ tomadas en conjunto forman un vector de entrada de la red de *elementos S* **n**. Finalmente, las salidas de la capa de neuronas forman un vector columna **a**. La expresión para **a** se muestra en la parte inferior de la figura.

Tenga en cuenta que es habitual que el número de entradas de una capa sea diferente del número de neuronas (es decir, R no es necesariamente igual a S). Una capa no está obligada a que el número de sus entradas sea igual al número de sus neuronas.

Se puede crear una capa única (compuesta) de neuronas con diferentes funciones de transferencia simplemente poniendo en paralelo dos de las redes mostradas anteriormente. Ambas redes tendrían las mismas entradas, y cada red crearía algunas de las salidas.

Los elementos del vector de entrada entran en la red a través de la matriz de pesos **W**.

$$
\mathbf{W} = \begin{bmatrix} w_{1,1} & w_{1,2} & \cdots & w_{1,R} \\ w_{2,1} & w_{2,2} & \cdots & w_{2,R} \\ & & & \\ w_{S,1} & w_{S,2} & \cdots & w_{S,R} \end{bmatrix}
$$

Nótese que los índices de las filas de los elementos de la matriz **W** indican la neurona de destino de la ponderación, y los índices de las columnas indican cuál es la fuente de entrada de esa ponderación. Así, los índices en $w_{1,2}$ dicen que la fuerza de la señal *del* segundo elemento de entrada *a* la primera (y única) neurona es $w_{1,2}$.

La red de una capa *de entrada R de la* neurona S también se puede dibujar en notación abreviada.

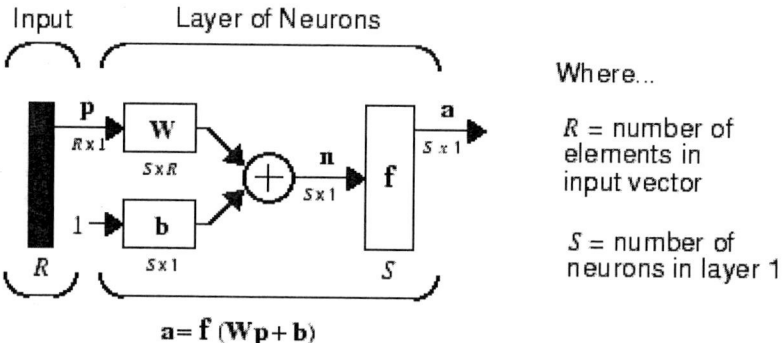

$$ a = f\ (\mathbf{Wp} + \mathbf{b}) $$

Aquí **p** es un vector de entrada *de longitud R*, **W** es una matriz $S \times R$, **a** y **b** son vectores *de longitud S*. Como se ha definido anteriormente, la capa de neuronas incluye la matriz de pesos, las operaciones de multiplicación, el vector de sesgo **b**, el verano y los bloques de función de transferencia.

Entradas y capas

Para describir redes con múltiples capas, la notación debe ampliarse. En concreto, es necesario distinguir entre las matrices de pesos que se conectan a las entradas y las matrices de pesos que se conectan entre capas. También es necesario identificar el origen y el destino de las matrices de pesos.

Llamaremos a las matrices de pesos conectadas a las entradas *input weights;* llamaremos a las matrices de pesos conectadas a las salidas de las capas *l ayer weights.* Además, se utilizan superíndices para identificar el origen (segundo índice) y el destino (primer índice) de los distintos pesos y otros elementos de la red. Para ilustrar, la red de entrada múltiple de una capa mostrada anteriormente se vuelve a dibujar aquí de forma abreviada.

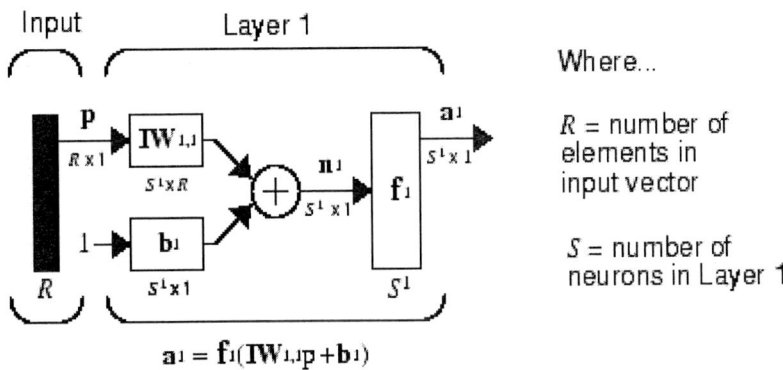

$$a_1 = f_1(IW_{1,1}p + b_1)$$

Como puede ver, la matriz de pesos conectada al vector de entrada **p** está etiquetada como una matriz de pesos de entrada ($IW^{1,1}$) que tiene un origen 1 (segundo índice) y un destino 1 (primer índice). Los elementos de la capa 1, como su sesgo, la entrada neta y la salida tienen un superíndice 1 para decir que están asociados a la primera capa.

El sistema de capas múltiples de neuronas utiliza matrices de pesos de capa (**LW**) y matrices de pesos de entrada (**IW**).

2.3.2 Múltiples capas de neuronas

Una red puede tener varias capas. Cada capa tiene una matriz de pesos **W**, un vector de sesgo **b** y un vector de salida **a**. Para distinguir las matrices de pesos, los vectores de salida, etc., de cada una de estas capas en las figuras, el número de la capa se añade como superíndice a la variable de interés. Puede ver el uso de esta notación de capas en la red de tres capas que se muestra a continuación, y en las ecuaciones de la parte inferior de la figura.

$$\mathbf{a}^1 = \mathbf{f}^1(\mathbf{IW}^{1,1}\mathbf{p}+\mathbf{b}^1) \qquad \mathbf{a}^2 = \mathbf{f}^2(\mathbf{LW}^{2,1}\mathbf{a}^1+\mathbf{b}^2) \qquad \mathbf{a}^3 = \mathbf{f}^3(\mathbf{LW}^{3,2}\mathbf{a}^2+\mathbf{b}^3)$$

$$\mathbf{a}^3 = \mathbf{f}^3(\mathbf{LW}^{3,2}\mathbf{f}^2(\mathbf{LW}^{2,1}\mathbf{f}^1(\mathbf{IW}^{1,1}\mathbf{p}+\mathbf{b}^1)+\mathbf{b}^2)+\mathbf{b}^3)$$

La red mostrada arriba tiene R^1 entradas, S^1 neuronas en la primera capa, S^2 neuronas en la segunda capa, etc. Es habitual que las distintas capas tengan un número diferente de neuronas. Se alimenta una entrada constante 1 al sesgo para cada neurona.

Nótese que las salidas de cada capa intermedia son las entradas de la capa siguiente. Así, la capa 2 puede analizarse como una red de una capa con S^1 entradas, S^2 neuronas y una matriz de pesos $S^2 \times S^1$ $\mathbf{W}^2$. La entrada de la capa 2 es $\mathbf{un}^1$; la salida es $\mathbf{un}^2$. Ahora que se han identificado todos los vectores y matrices de la capa 2, puede tratarse como una red de una sola capa por sí misma. Este enfoque se puede adoptar con cualquier capa de la red.

Las capas de una red multicapa desempeñan diferentes funciones. La capa que produce la salida de la red se llama capa *de salida*. Las demás capas se denominan capas ocultas. La red de tres capas mostrada anteriormente tiene una capa de salida (capa 3) y dos capas ocultas (capa 1 y capa 2). Algunos autores se refieren a las entradas como una cuarta capa. Esta caja de herramientas no utiliza esa designación.

La arquitectura de una red multicapa con un único vector de entrada puede especificarse con la notación R - S^1 - S^2 -...- S^M, donde se especifica el número de elementos del vector de entrada y el número de neuronas de cada capa.

La misma red de tres capas también puede dibujarse utilizando una notación abreviada.

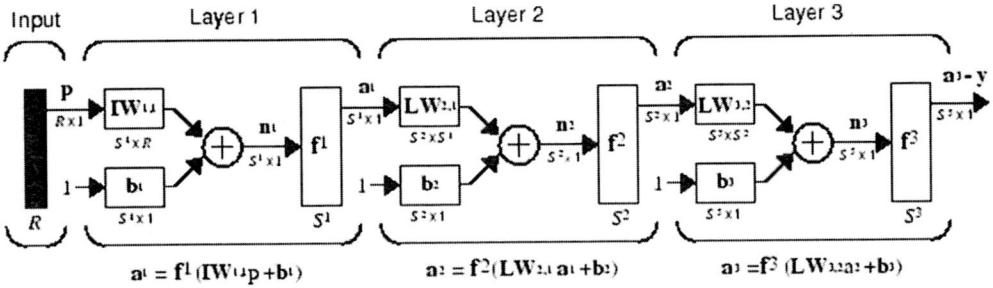

Las redes de múltiples capas son bastante potentes. Por ejemplo, una red de dos capas, en la que la primera capa es sigmoide y la segunda es lineal, puede entrenarse para aproximar cualquier función (con un número finito de discontinuidades) arbitrariamente bien. Este tipo de red de dos capas se utiliza mucho en las redes neuronales multicapa y en el entrenamiento por retropropagación.

Aquí se asume que la salida de la tercera capa, $\mathbf{a}^3$, es la salida de la red de interés, y esta salida se etiqueta como $\mathbf{y}$. Esta notación se utiliza para especificar la salida de las redes multicapa.

2.3.3 Funciones de procesamiento de entrada y salida

Las entradas de la red pueden tener funciones de procesamiento asociadas. Las funciones de procesamiento transforman los datos de entrada del usuario en una forma más fácil o más eficiente para una red.

Por ejemplo, mapminmax transforma los datos de entrada para que todos los valores caigan en el intervalo [-1, 1]. Esto puede acelerar el aprendizaje de muchas redes. removeconstantrows elimina las filas del vector de entrada que corresponden a elementos de entrada que siempre tienen el mismo valor, porque estos elementos de entrada no están proporcionando ninguna información útil a la red. La tercera función de procesamiento común es fixunknowns, que recodifica los datos desconocidos (representados en los datos del usuario con valores NaN) en una forma numérica para la red. fixunknowns preserva la información sobre qué valores son conocidos y cuáles son desconocidos.

Del mismo modo, las salidas de la red también pueden tener funciones de procesamiento asociadas. Las funciones de procesamiento de las salidas se utilizan para transformar los vectores objetivo proporcionados por el usuario para su uso en la red. A continuación, las salidas de la red se procesan de forma inversa utilizando las mismas funciones para producir datos de salida con las mismas características que los objetivos originales proporcionados por el usuario.

Tanto mapminmax como removeconstantrows suelen estar asociados a las salidas de la red. Sin embargo, fixunknowns no lo está. Los valores desconocidos en los objetivos (representados por valores NaN) no necesitan ser alterados para su uso en la red.

2.4 REDES NEURONALES MULTICAPA Y ENTRENAMIENTO POR RETROPROPAGACIÓN

La red neuronal multicapa feedforward es el caballo de batalla del software Neural Networks Toolbox (Deep Learning Toolbox desde la versión 18). Puede utilizarse tanto para problemas de ajuste de funciones como de reconocimiento de patrones. Con la adición de una línea de retardo de derivación, también se puede utilizar para problemas de predicción. Este tema muestra cómo se puede utilizar una red multicapa. También ilustra los procedimientos básicos para diseñar cualquier red neuronal.

Nota: Las funciones de entrenamiento descritas en este tema no se limitan a las redes multicapa. Pueden utilizarse para entrenar arquitecturas arbitrarias (incluso redes personalizadas), siempre que sus componentes sean diferenciables.

El flujo de trabajo para el proceso general de diseño de redes neuronales tiene siete pasos principales:

1. Recoger datos

2. Crear la red

3. Configurar la red

4. Inicializar los pesos y los sesgos

5. Entrenar la red

6. Validación de la red (análisis post-entrenamiento)

7. Utilizar la red

El paso 1 puede ocurrir fuera del marco del software Neural Networks Toolbox (Deep Learning Toolbox a partir de la versión 18), pero este paso es fundamental para el éxito del proceso de diseño.

2.5 ARQUITECTURA DE LA RED NEURONAL MULTICAPA

Este tema presenta parte del flujo de trabajo típico de una red multicapa.

2.5.1 Modelo de neuronas (logsig, tansig, purelin)

A continuación, se muestra una neurona elemental con R entradas. Cada entrada se pondera con una w adecuada. La suma de las entradas ponderadas y el sesgo forma la entrada de la función de transferencia f. Las neuronas pueden utilizar cualquier función de transferencia diferenciable f para generar su salida.

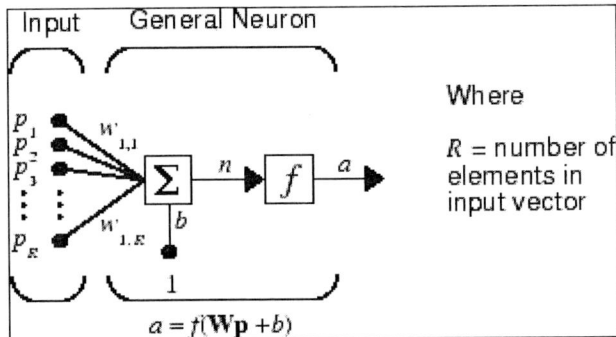

Las redes multicapa suelen utilizar la función de transferencia log-sigmoide logsig de .

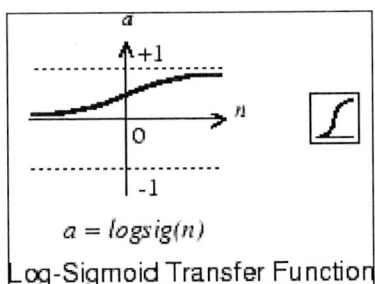

La función logsig genera salidas entre 0 y 1 a medida que la entrada de la red de la neurona va del infinito negativo al positivo.

Como alternativa, las redes multicapa pueden utilizar la función de transferencia tan-sigmoide "tansig de".

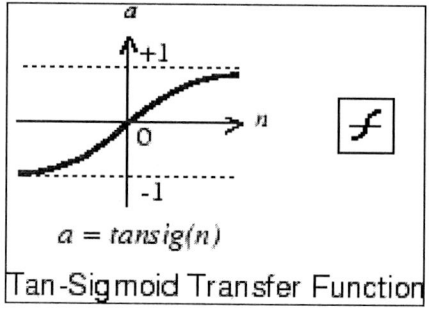

Las neuronas de salida sigmoideas se suelen utilizar para problemas de reconocimiento de patrones, mientras que las neuronas de salida lineal se utilizan para problemas de ajuste de funciones. La función de transferencia lineal purelin se muestra a continuación.

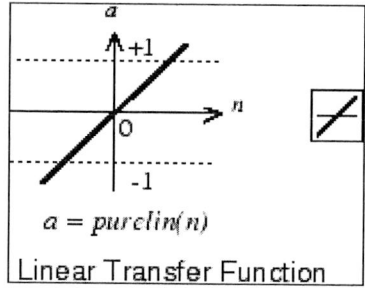

Las tres funciones de transferencia descritas aquí son las más utilizadas para las redes multicapa, pero se pueden crear y utilizar otras funciones de transferencia diferenciables si se desea.

2.5.2 Red neuronal de avance (Feedforward)

Una red de una sola capa de S neuronas logsig que tienen R entradas se muestra a continuación con todo detalle a la izquierda y con un diagrama de capas a la derecha.

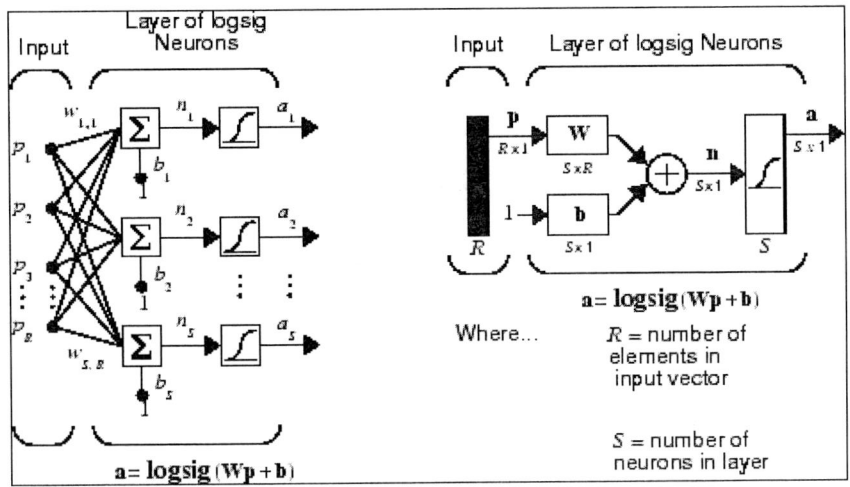

Las redes de avance suelen tener una o más capas ocultas de neuronas sigmoides seguidas de una capa de salida de neuronas lineales. Las capas múltiples de neuronas con funciones de transferencia no lineales permiten a la red aprender relaciones no lineales entre los vectores de entrada y salida. La capa de salida lineal se utiliza con mayor frecuencia para problemas de ajuste de funciones (o regresión no lineal).

Por otro lado, si se quiere restringir las salidas de una red (por ejemplo, entre 0 y 1), entonces la capa de salida debe utilizar una función de transferencia sigmoidea (como logsig). Este es el caso cuando la red se utiliza para problemas de reconocimiento de patrones (en los que la red toma una decisión).

En las redes de varias capas, el número de capa determina el superíndice de la matriz de pesos. La notación apropiada se utiliza en la red de dos capas tansig/purelin que se muestra a continuación.

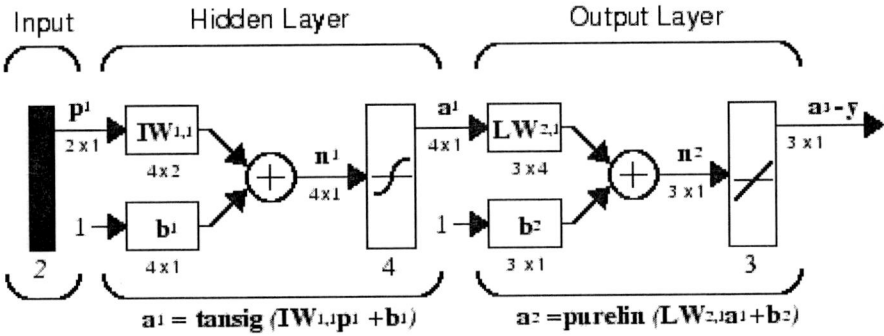

Esta red puede utilizarse como un aproximador de funciones general. Puede aproximar cualquier función con un número finito de discontinuidades arbitrariamente bien, dadas suficientes neuronas en la capa oculta.

Una vez definida la arquitectura de la red multicapa, el proceso de diseño se describe en las siguientes secciones.

2.6 CAJA DE HERRAMIENTAS DE APRENDIZAJE PROFUNDO (DEEP LEARNING TOOLBOX)

Este tema trata de cómo el formato de las estructuras de datos de entrada afecta a la simulación de redes. Comienza con redes estáticas, y luego continúa con redes dinámicas. La siguiente sección describe cómo el formato de las estructuras de datos afecta al entrenamiento de la red.

Hay dos tipos básicos de vectores de entrada: los que ocurren concurrentemente (al mismo tiempo, o en ninguna secuencia de tiempo particular), y los que ocurren secuencialmente en el tiempo. En el caso de los vectores concurrentes, el orden no es importante, y si hubiera varias redes funcionando en paralelo, se podría presentar un vector de entrada a cada una de las redes. Para los vectores secuenciales, el orden en que aparecen los vectores es importante.

2.6.1 Simulación con entradas concurrentes en una red estática

La situación más sencilla para simular una red se da cuando la red a simular es estática (no tiene retroalimentación ni retrasos). En este caso, no hay que preocuparse de si los vectores de entrada se producen o no en una secuencia temporal determinada, por lo que se pueden tratar las entradas como concurrentes. Además, el problema se simplifica aún más suponiendo que la red tiene un solo vector de entrada. Utilice la siguiente red como ejemplo.

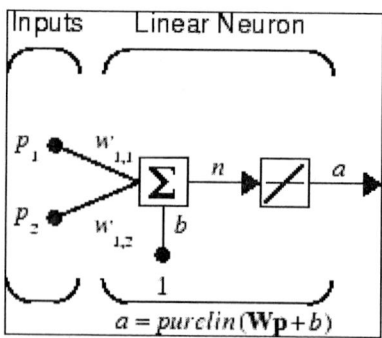

Para configurar esta red lineal feedforward, utilice los siguientes comandos:

net = linearlayer;

net.inputs{1}.size = 2;

net.layers{1}.dimensions = 1;

Para simplificar, asigne a la matriz de pesos y al sesgo W = [1 2] y b = [0].

Los comandos para estas asignaciones son

net.IW{1,1} = [1 2];

net.b{1} = 0;

Supongamos que el conjunto de datos de simulación de la red está formado por $Q = 4$ vectores concurrentes:

$$\mathbf{p}_1 = \begin{bmatrix} 1 \\ 2 \end{bmatrix}, \mathbf{p}_2 = \begin{bmatrix} 2 \\ 1 \end{bmatrix}, \mathbf{p}_3 = \begin{bmatrix} 2 \\ 3 \end{bmatrix}, \mathbf{p}_4 = \begin{bmatrix} 3 \\ 1 \end{bmatrix}$$

Los vectores concurrentes se presentan a la red como una única matriz:

P = [1 2 2 3; 2 1 3 1];

Ahora puede simular la red:

A = red(P)

A =

5 4 8 5

Se presenta a la red una única matriz de vectores concurrentes, y la red produce como salida una única matriz de vectores concurrentes. El resultado sería el mismo si hubiera cuatro redes funcionando en paralelo y cada una de ellas recibiera uno de los vectores de entrada y produjera una de las salidas. El orden de los vectores de entrada no es importante, porque no interactúan entre sí.

2.6.2 Simulación con entradas secuenciales en una red dinámica

Cuando una red contiene retardos, la entrada a la red sería normalmente una secuencia de vectores de entrada que se producen en un determinado orden temporal. Para ilustrar este caso, la siguiente figura muestra una red sencilla que contiene un retardo.

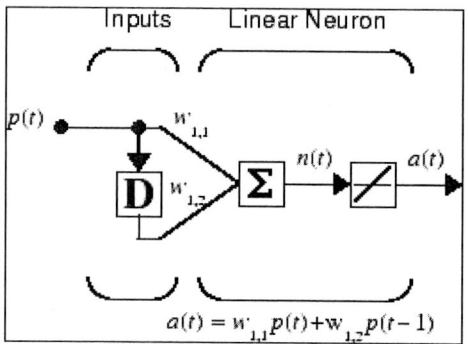

Los siguientes comandos crean esta red:

net = linearlayer([0 1]);

net.inputs{1}.size = 1;

net.layers{1}.dimensions = 1;

net.biasConnect = 0;

Asigna la matriz de pesos como W = [1 2].

El comando es:

net.IW{1,1} = [1 2];

Supongamos que la secuencia de entrada es

$$\mathbf{p}_1 = \begin{bmatrix}1\end{bmatrix}, \mathbf{p}_2 = \begin{bmatrix}2\end{bmatrix}, \mathbf{p}_3 = \begin{bmatrix}3\end{bmatrix}, \mathbf{p}_4 = \begin{bmatrix}4\end{bmatrix}$$

Las entradas secuenciales se presentan a la red como elementos de una matriz de células

P = {1 2 3 4};

Ahora puede simular la red:

A = red(P)

A =

[1] [4] [7] [10]

Usted introduce una matriz de celdas que contiene una secuencia de entradas, y la red produce una matriz de celdas que contiene una secuencia de salidas. El orden de las entradas es importante cuando se presentan como una secuencia. En este caso, la salida actual se obtiene multiplicando la entrada actual por 1 y la anterior por 2 y sumando el resultado. Si se cambiara el orden de las entradas, los números obtenidos en la salida cambiarían.

2.6.3 Simulación con entradas concurrentes en una red dinámica

Si se aplicaran las mismas entradas como un conjunto de entradas concurrentes en lugar de una secuencia de entradas, se obtendría una respuesta completamente diferente. (Sin embargo, no está claro por qué querrías hacer esto con una red dinámica). Sería como si cada entrada se aplicara concurrentemente a una red paralela separada. Para el ejemplo anterior, si se utiliza un conjunto concurrente de entradas se tiene

$$\mathbf{p}_1 = \begin{bmatrix} 1 \end{bmatrix}, \mathbf{p}_2 = \begin{bmatrix} 2 \end{bmatrix}, \mathbf{p}_3 = \begin{bmatrix} 3 \end{bmatrix}, \mathbf{p}_4 = \begin{bmatrix} 4 \end{bmatrix}$$

que se puede crear con el siguiente código:

P = [1 2 3 4];

Cuando se simula con entradas concurrentes, se obtiene

A = red(P)

A =

1 2 3 4

El resultado es el mismo que si hubieras aplicado simultáneamente cada una de las entradas a una red separada y calculado una salida. Tenga en cuenta que como no asignó ninguna condición inicial a los retardos de la red, se asumió que eran 0. Para este caso la salida es simplemente 1 veces la entrada, porque el peso que multiplica la entrada actual es 1.

En algunos casos especiales, es posible que desee simular la respuesta de la red a varias secuencias diferentes al mismo tiempo. En este caso, querrá presentar a la red un conjunto concurrente de secuencias. Por ejemplo, supongamos que queremos presentar a la red las dos secuencias siguientes:

$$\mathbf{p}_1(1) = \begin{bmatrix} 1 \end{bmatrix}, \mathbf{p}_1(2) = \begin{bmatrix} 2 \end{bmatrix}, \mathbf{p}_1(3) = \begin{bmatrix} 3 \end{bmatrix}, \mathbf{p}_1(4) = \begin{bmatrix} 4 \end{bmatrix}$$
$$\mathbf{p}_2(1) = \begin{bmatrix} 4 \end{bmatrix}, \mathbf{p}_2(2) = \begin{bmatrix} 3 \end{bmatrix}, \mathbf{p}_2(3) = \begin{bmatrix} 2 \end{bmatrix}, \mathbf{p}_2(4) = \begin{bmatrix} 1 \end{bmatrix}$$

La entrada P debe ser una matriz de celdas, donde cada elemento de la matriz contiene los dos elementos de las dos secuencias que se producen al mismo tiempo:

$$P = \{[1\ 4]\ [2\ 3]\ [3\ 2]\ [4\ 1]\};$$

Ahora puede simular la red:

$$A = red(P);$$

La salida de la red resultante sería

$$A = \{[1\ 4]\ [4\ 11]\ [7\ 8]\ [10\ 5]\}$$

Como puede ver, la primera columna de cada matriz constituye la secuencia de salida producida por la primera secuencia de entrada, que fue la utilizada en un ejemplo anterior. La segunda columna de cada matriz constituye la secuencia de salida producida por la segunda secuencia de entrada. No hay interacción entre las dos secuencias concurrentes. Es como si cada una de ellas se aplicara a redes separadas que funcionan en paralelo.

El siguiente diagrama muestra el formato general de la entrada P de la red cuando hay Q secuencias concurrentes de pasos de tiempo TS. Abarca todos los casos en los que hay un único vector de entrada. Cada elemento de la matriz de celdas es una matriz de vectores concurrentes que corresponden al mismo punto en el tiempo para cada secuencia. Si hay múltiples vectores de entrada, habrá múltiples filas de matrices en la matriz de celdas.

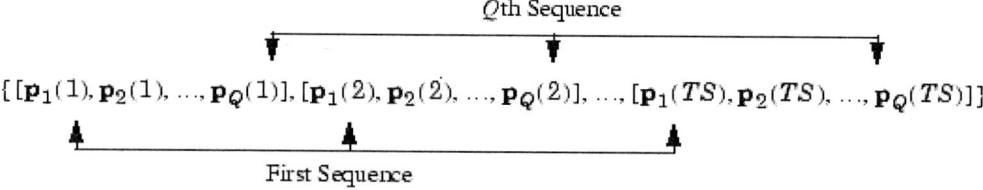

$$Q\text{th Sequence}$$

$$\{[\mathbf{p}_1(1),\mathbf{p}_2(1),...,\mathbf{p}_Q(1)],[\mathbf{p}_1(2),\mathbf{p}_2(2),...,\mathbf{p}_Q(2)],...,[\mathbf{p}_1(TS),\mathbf{p}_2(TS),...,\mathbf{p}_Q(TS)]\}$$

First Sequence

Capítulo 3

HERRAMIENTAS DE APRENDIZAJE PROFUNDO. ARQUITECTURA DE REDES NEURONALES:

REDES ADALINE

3.1 INTRODUCCIÓN

Las redes ADALINE (neurona lineal adaptativa) que se tratan en este tema son similares al perceptrón, pero su función de transferencia es lineal en lugar de estar limitada. Esto permite que sus salidas tomen cualquier valor, mientras que la salida del perceptrón está limitada a 0 o 1. Tanto el ADALINE como el perceptrón sólo pueden resolver problemas linealmente separables. Sin embargo, aquí se utiliza la regla de aprendizaje LMS (least mean squares), que es mucho más potente que la regla de aprendizaje del perceptrón. La regla de aprendizaje LMS, o Widrow-Hoff, minimiza el error cuadrático medio y, por lo tanto, aleja los límites de decisión tanto como sea posible de los patrones de entrenamiento.

En esta sección, se diseña un sistema lineal adaptativo que responde a los cambios en su entorno mientras está operando. Las redes lineales que se ajustan en cada paso de tiempo basándose en los nuevos vectores de entrada y de destino pueden encontrar pesos y sesgos que minimizan el error de suma cuadrada de la red para los vectores de entrada y de destino recientes. Las redes de este tipo se utilizan a menudo en la cancelación de errores, el procesamiento de señales y los sistemas de control.

El trabajo pionero en este campo fue realizado por Widrow y Hoff, que dieron el nombre de ADALINE a los elementos lineales adaptativos. La referencia básica sobre este tema es Widrow, B., y S.D. Sterns, *Adaptive Signal Processing*, Nueva York, Prentice-Hall, 1985.

El entrenamiento adaptativo de las redes autoorganizadas y competitivas también se considera en esta sección.

3.2 FUNCIONES DE ADAPTACIÓN: ADAPT

Esta sección introduce la función adapt, que cambia los pesos y los sesgos de una red de forma incremental durante el entrenamiento.

Adapt: Adaptar la red neuronal a los datos a medida que se simulan

Sintaxis

```
[net,Y,E,Pf,Af,tr] = adapt(net,P,T,Pi,Ai)
```

Descripción

Esta función calcula las salidas y los errores de la red después de cada presentación de una entrada.

```
[net,Y,E,Pf,Af,tr] = adapt(net,P,T,Pi,Ai) toma
```

red	Red
P	Entradas de red
T	Objetivos de red (por defecto = ceros)
Pi	Condiciones iniciales de retardo de entrada (por defecto = ceros)
Ai	Condiciones de retardo de la capa inicial (por defecto = ceros)

y devuelve lo siguiente después de aplicar la función de adaptación net.adaptFcn con los parámetros de adaptación net.adaptParam:

red	Red actualizada
Y	Salidas de la red
E	Errores en la red
Pf	Condiciones finales de retardo de entrada
Af	Condiciones de retraso de la capa final
tr	Registro de entrenamiento (epoch y perf)

Tenga en cuenta que T es opcional y sólo se necesita para las redes que requieren objetivos. Pi y Pf también son opcionales y sólo se necesitan para las redes que tienen retrasos de entrada o de capa.

Los argumentos de la señal de adapt pueden tener dos formatos: matriz de celdas o matriz.

El formato de matriz de celdas es el más fácil de describir. Es el más conveniente para redes con múltiples entradas y salidas, y permite presentar secuencias de entradas,

P	Conjunto de células `Ni-by-TS`	Cada elemento `P{i,ts}` es una matriz `Ri por Q`.
T	Conjunto de células `Nt-por-TS`	Cada elemento `T{i,ts}` es una matriz `Vi por Q`.
Pi	Conjunto de células `Ni-by-ID`	Cada elemento `Pi{i,k}` es una matriz `Ri por Q`.
Ai	Conjunto de células `Nl-by-LD`	Cada elemento `Ai{i,k}` es una matriz `Si por Q`.
Y	Conjunto de células `No-by-TS`	Cada elemento `Y{i,ts}` es una matriz `Ui por Q`.
E	Conjunto de células `No-by-TS`	Cada elemento `E{i,ts}` es una matriz `Ui por Q`.
Pf	Conjunto de células `Ni-by-ID`	Cada elemento `Pf{i,k}` es una matriz `Ri por Q`.
Af	Conjunto de células `Nl-by-LD`	Cada elemento `Af{i,k}` es una matriz `Si por Q`.

donde

Ni	=	`net.numInputs`
Nl	=	`net.numLayers`
No	=	`net.numOutputs`
ID	=	`net.numInputDelays`
LD	=	`net.numLayerDelays`
TS	=	Número de pasos de tiempo
Q	=	Tamaño del lote
Ri	=	`net.inputs{i}.size`
Si	=	`net.layers{i}.size`
Ui	=	`net.outputs{i}.size`

Las columnas de Pi, Pf, Ai y Af están ordenadas de la condición de retraso más antigua a la más reciente:

`Pi{i,k}`	=	Entrada `i` en el momento `ts = k - ID`
`Pf{i,k}`	=	Entrada `i` en el momento `ts = TS + k - ID`
`Ai{i,k}`	=	Salida de la capa `i` en el momento `ts = k - LD`
`Af{i,k}`	=	Salida de la capa `i` en el momento `ts = TS + k - LD`

El formato matricial puede utilizarse si sólo se va a simular un paso de tiempo (TS = 1). Es conveniente para redes con una sola entrada y salida, pero puede utilizarse con redes que tengan más.

Cada argumento de la matriz se encuentra almacenando los elementos del argumento de la matriz de celdas correspondiente en una sola matriz:

P	(suma de Ri)-por-Q matriz
T	(suma de Vi)-por-Q matriz
Pi	(suma de Ri)-por-(ID*Q) matriz
Ai	(suma de Si)-por-(LD*Q) matriz
Y	(suma de Ui)-por-Q matriz
E	(suma de Ui)-por-Q matriz
Pf	(suma de Ri)-por-(ID*Q) matriz
Af	(suma de Si)-por-(LD*Q) matriz

Ejemplos

Aquí se utilizan dos secuencias de 12 pasos (donde se sabe que T1 depende de P1) para definir el funcionamiento de un filtro.

p1 = {-1 0 1 0 1 1 -1 0 -1 1 0 1};

t1 = {-1 -1 1 1 1 2 0 -1 -1 0 1 1};

Aquí se utiliza la capa lineal para crear una capa con un rango de entrada de [-1 1], una neurona, retrasos de entrada de 0 y 1, y una tasa de aprendizaje de 0,1. A continuación, se simula la capa lineal.

```
net = linearlayer([0 1],0.1);
```

En este caso, la red se adapta durante una pasada por la secuencia.

Se muestra el error cuadrático medio de la red. (Como esta es la primera llamada a la adaptación, se utiliza el Pi por defecto).

```
[net,y,e,pf] = adapt(net,p1,t1);

mse(e)
```

Nótese que los errores son bastante grandes. Aquí la red se adapta a otros 12 pasos de tiempo (utilizando el Pf anterior como las nuevas condiciones iniciales de retardo).

```
p2 = {1 -1 -1 1 1 -1  0 0 0 1 -1 -1};

t2 = {2  0 -2 0 2  0 -1 0 0 1  0 -1};

[net,y,e,pf] = adapt(net,p2,t2,pf);

mse(e)
```

Aquí la red se adapta durante 100 pases a través de la secuencia completa.

```
p3 = [p1 p2];

t3 = [t1 t2];

for i = 1:100

    [net,y,e] = adapt(net,p3,t3);

end

mse(e)
```

El error después de 100 pases por la secuencia es muy pequeño. La red se ha adaptado a la relación entre las señales de entrada y de destino.

Algoritmos

adapt llama a la función indicada por net.adaptFcn, utilizando los valores de los parámetros de adaptación indicados por net.adaptParam.

Dada una secuencia de entrada con pasos de TS, la red se actualiza como sigue: Cada paso de la secuencia de entradas se presenta a la red de uno en uno. Los valores de peso y sesgo de la red se actualizan después de cada paso, antes de presentar el siguiente paso de la secuencia. Así, la red se actualiza TS veces.

3.3 MODELO NEURONAL LINEAL

A continuación, se muestra una neurona lineal con R entradas.

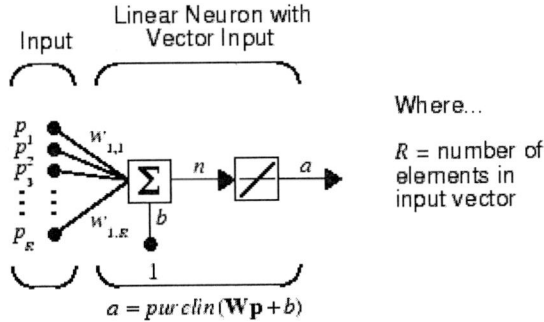

$$a = purelin(\mathbf{W}\mathbf{p} + b)$$

Esta red tiene la misma estructura básica que el perceptrón. La única diferencia es que la neurona lineal utiliza una función de transferencia lineal, denominada purelin.

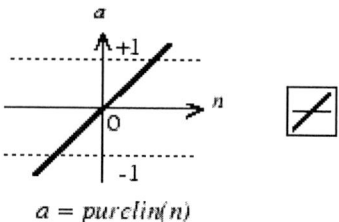

$$a = purelin(n)$$

Linear Transfer Function

La función de transferencia lineal calcula la salida de la neurona devolviendo simplemente el valor que se le ha pasado.

$$\alpha = purelin(n) = purelin(\mathbf{Wp} + b) = \mathbf{Wp} + b$$

Esta neurona puede ser entrenada para aprender una función afín de sus entradas, o para encontrar una aproximación lineal a una función no lineal. Por supuesto, no se puede hacer que una red lineal realice un cálculo no lineal.

3.4 ARQUITECTURA DE RED LINEAL ADAPTATIVA

La red ADALINE que se muestra a continuación tiene una capa de S neuronas conectadas a R entradas a través de una matriz de pesos $\mathbf{W}$.

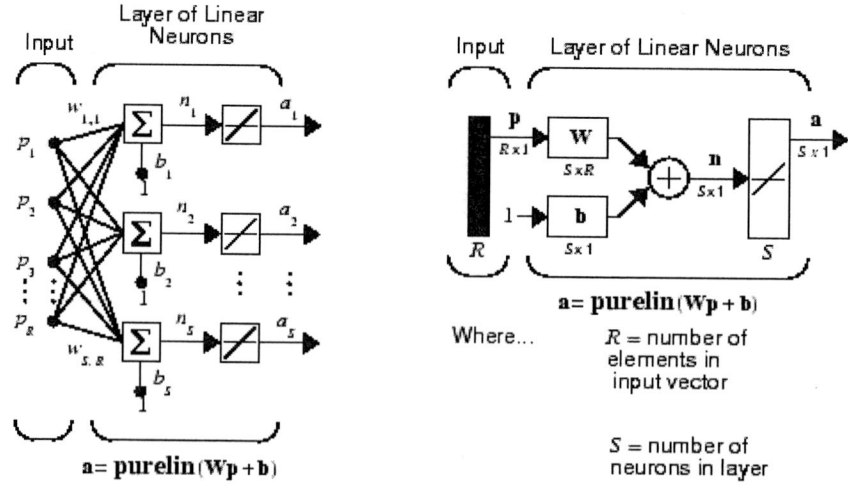

Esta red se denomina a veces MADALINE para muchos ADALINEs. Nótese que la figura de la derecha define un vector de salida *de longitud S* **a**.

La regla Widrow-Hoff sólo puede entrenar redes lineales de una capa. Sin embargo, esto no es una gran desventaja, ya que las redes lineales de una capa son tan capaces como las redes lineales de varias capas. Para cada red lineal multicapa existe una red lineal monocapa equivalente.

3.4.1 ADALINE simple (Capa lineal)

Consideremos un único ADALINE con dos entradas. La siguiente figura muestra el diagrama de esta red.

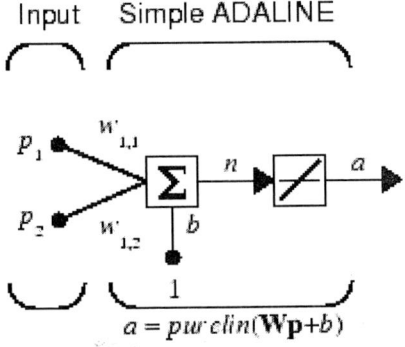

La matriz de pesos **W** en este caso sólo tiene una fila. La salida de la red es

$$\alpha = purelin(n) = purelin(\mathbf{Wp} + b) = \mathbf{Wp} + b$$

o

$$\alpha = w_{1,1}p_1 + w_{1,2}p_2 + b$$

Al igual que el perceptrón, el ADALINE tiene una frontera de *decisión* que viene determinada por los vectores de entrada para los que la entrada neta *n* es cero. Para $n = 0$ la ecuación $\mathbf{Wp} + b = 0$ especifica tal límite de decisión, como se muestra a continuación).

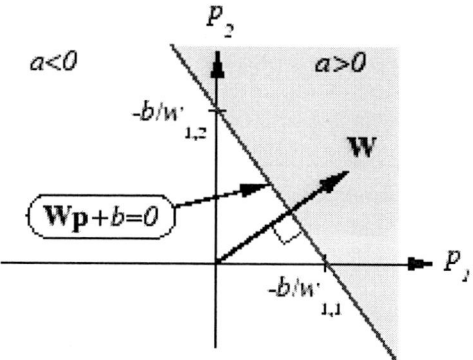

Los vectores de entrada en la zona gris superior derecha conducen a una salida mayor que 0. Los vectores de entrada en la zona blanca inferior izquierda conducen a una salida menor que 0. Así, el ADALINE puede utilizarse para clasificar objetos en dos categorías.

Sin embargo, ADALINE puede clasificar los objetos de esta manera sólo cuando los objetos son linealmente separables. Por tanto, ADALINE tiene la misma limitación que el perceptrón.

Puede crear una red similar a la mostrada utilizando este comando:

```
net = linearlayer;

net = configure(net,[0;0],[0]);
```

Los tamaños de los dos argumentos para configurar indican que la capa debe tener dos entradas y una salida. Normalmente train hace esta configuración por ti, pero esto nos permite inspeccionar los pesos antes del entrenamiento.

Los pesos y los sesgos de la red están ajustados a cero, por defecto. Puedes ver los valores actuales utilizando los comandos:

```
W = net.IW{1,1}

W =

        0        0
```

y

```
b = net.b{1}

b =

        0
```

También puede asignar valores arbitrarios a las ponderaciones y al sesgo, como 2 y 3 para las ponderaciones y -4 para el sesgo:

```
net.IW{1,1} = [2 3];
net.b{1} = -4;
```

Puede simular el ADALINE para un vector de entrada concreto.

```
p = [5; 6];
a = sim(net,p)
a =
     24
```

En resumen, puedes crear una red ADALINE con linearlayer, ajustar sus elementos como quieras y simularla con sim.

3.4.2 Capa lineal

Sintaxis

```
linearlayer(inputDelays,widrowHoffLR)
```

Descripción

Las capas lineales son capas simples de neuronas lineales. Pueden ser estáticas, con retardos de entrada de 0, o dinámicas, con retardos de entrada superiores a 0. Pueden entrenarse en problemas simples de series temporales lineales, pero a menudo se utilizan de forma adaptativa para seguir aprendiendo mientras se despliegan, de modo que pueden ajustarse a los cambios en la relación entre entradas y salidas mientras se utilizan.

Si se necesita una red para resolver una relación de serie temporal no lineal, entonces las mejores redes para probar son timedelaynet, narxnet y narnet.

linearlayer(inputDelays,widrowHoffLR) toma estos argumentos,

inputDelays	Row vector of increasing 0 or positive delays (default = 1:2)
widrowHoffLR	Widrow-Hoff learning rate (default = 0.01)

y devuelve una capa lineal.

Si la tasa de aprendizaje es demasiado pequeña, el aprendizaje será muy lento. Sin embargo, un peligro mayor es que sea demasiado grande y el aprendizaje se vuelva inestable, dando lugar a grandes cambios en los vectores de pesos y a que los errores aumenten en lugar de disminuir. Si se dispone de un conjunto de datos que caracterice la relación que la capa debe aprender, la tasa de aprendizaje estable máxima puede calcularse con maxlinlr.

Ejemplos: Crear y entrenar una capa lineal

Aquí se entrena una capa lineal en un problema simple de series temporales.

```
x = {0 -1 1 1 0 -1 1 0 0 1};
t = {0 -1 0 2 1 -1 0 1 0 1};
net = linearlayer(1:2,0.01);
[Xs,Xi,Ai,Ts] = preparets(net,x,t);
net = train(net,Xs,Ts,Xi,Ai);
view(net)
Y = net(Xs,Xi);
perf = perform(net,Ts,Y)

perf =

    0.2396
```

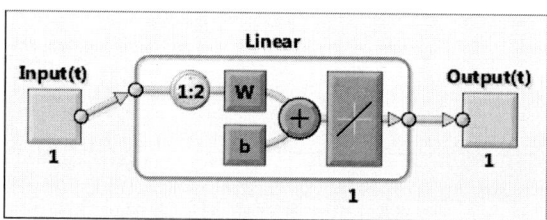

3.5 ERROR MÍNIMO CUADRÁTICO MEDIO

Al igual que la regla de aprendizaje del perceptrón, el algoritmo del mínimo error cuadrático medio (LMS) de es un ejemplo de entrenamiento supervisado, en el que la regla de aprendizaje recibe un conjunto de ejemplos del comportamiento deseado de la red.

$$\left\{\mathbf{p}_1, \mathbf{t}_1\right\}, \left\{\mathbf{p}_2, \mathbf{t}_2\right\}, \dots \left\{\mathbf{p}_Q, \mathbf{t}_Q\right\}$$

Aquí $\mathbf{p}_q$ es una entrada a la red, y $\mathbf{t}_q$ es la salida correspondiente al objetivo. A medida que se aplica cada entrada a la red, la salida de la red se compara con el objetivo. El error se calcula como la diferencia entre la salida objetivo y la salida de la red. El objetivo es minimizar la media de la suma de estos errores.

$$mse = \frac{1}{Q} \sum_{k=1}^{Q} e(k)^2 = \frac{1}{Q} \sum_{k=1}^{Q} t(k) - \alpha(k))^2$$

El algoritmo LMS ajusta las ponderaciones y los sesgos del ADALINE para minimizar este error cuadrático medio.

Afortunadamente, el índice de rendimiento del error cuadrático medio de la red ADALINE es una función cuadrática. Así, el índice de rendimiento tendrá un mínimo global, un mínimo débil o ningún mínimo, dependiendo de las características de los vectores de entrada. En concreto, las características de los vectores de entrada determinan si existe o no una solución única.

3.6 ALGORITMO LMS (LEARNWH)

Las redes adaptativas utilizarán el algoritmo LMS o el algoritmo de aprendizaje Widrow-Hoff, basado en un procedimiento aproximado de descenso más pronunciado. También en este caso, las redes lineales adaptativas se entrenan con ejemplos de comportamiento correcto.

El algoritmo LMS, que se muestra aquí, se discute en detalle en Redes Neuronales Lineales.

$$\mathbf{W}(k+1) = \mathbf{W}(k) + 2\alpha \mathbf{e}(k)\mathbf{p}^{\top}(k)$$

$$\mathbf{b}(k+1) = \mathbf{b}(k) + 2\alpha \mathbf{e}(k)$$

El algoritmo LMS, o algoritmo de aprendizaje Widrow-Hoff, se basa en un procedimiento aproximado de descenso más pronunciado. También en este caso, las redes lineales se entrenan con ejemplos de comportamiento correcto.

Widrow y Hoff tuvieron la idea de que podían estimar el error cuadrático medio utilizando el error cuadrado en cada iteración. Si se toma la derivada parcial del error cuadrado con respecto a los pesos y sesgos en la k^a iteración, se tiene

$$\frac{\partial e^2(k)}{\partial w_{1,j}} = 2e(k)\frac{\partial e(k)}{\partial w_{1,j}}$$

for $j = 1,2,\ldots,R$ and

$$\frac{\partial e^2(k)}{\partial b} = 2e(k)\frac{\partial e(k)}{\partial b}$$

Next look at the partial derivative with respect to the error.

$$\frac{\partial e(k)}{\partial w_{1,j}} = \frac{\partial[t(k) - \alpha(k)]}{\partial w_{1,j}} = \frac{\partial}{\partial w_{1,j}}[t(k) - (\mathbf{W}\mathbf{p}(k) + b)]$$

or

$$\frac{\partial e(k)}{\partial w_{1,j}} = \frac{\partial}{\partial w_{1,j}}\left[t(k) - \left(\sum_{i=1}^{R} w_{1,i}p_i(k) + b\right)\right]$$

Here $p_i(k)$ is the ith element of the input vector at the kth iteration.

This can be simplified to

$$\frac{\partial e(k)}{\partial w_{1,j}} = -p_j(k)$$

and

$$\frac{\partial e(k)}{\partial b} = -1$$

Por último, cambie la matriz de pesos, y el sesgo será

$$2\alpha e(k)\mathbf{p}(k)$$

y

$$2\alpha e(k)$$

Estas dos ecuaciones constituyen la base del algoritmo de aprendizaje Widrow-Hoff (LMS).

Estos resultados pueden extenderse al caso de múltiples neuronas, y escribirse en forma de matriz como

$$\mathbf{W}(k+1)=\mathbf{W}(k)+2\alpha\mathbf{e}(k)\mathbf{p}^T(k)\mathbf{b}(k+1)=\mathbf{b}(k)+2\alpha\mathbf{e}(k)$$

Aquí el error **e** y el sesgo **b** son vectores, y α es una *tasa de aprendizaje*. Si α es grande, el aprendizaje se produce rápidamente, pero si es demasiado grande puede conducir a la inestabilidad y los errores podrían incluso aumentar. Para garantizar un aprendizaje estable, la tasa de aprendizaje debe ser menor que el recíproco del mayor valor propio de la matriz de correlación $\mathbf{p}^T\mathbf{p}$ de los vectores de entrada.

Afortunadamente, hay una función de la caja de herramientas, learnwh, que hace todo el cálculo por ti. Calcula el cambio de pesos como

```
dw = lr*e*p'
```

y el cambio de sesgo como

```
db = lr*e
```

La constante 2, mostrada unas líneas más arriba, ha sido absorbida en la tasa de aprendizaje del código lr. La función maxlinlr calcula esta tasa de aprendizaje estable máxima lr como 0,999 * P'*P.

Escriba help learnwh y help maxlinlr para obtener más detalles sobre estas dos funciones.

3.6.1 Función de aprendizaje

Función de aprendizaje de pesos y sesgos de Widrow-Hoff

Sintaxis

```
[dW,LS] = learnwh(W,P,Z,N,A,T,E,gW,gA,D,LP,LS)
info = learnwh('code')
```

Descripción

learnwh es la función de aprendizaje de Widrow-Hoff de pesos y sesgos, y también se conoce como regla delta o de mínimos cuadrados medios (LMS).

[dW,LS] = learnwh(W,P,Z,N,A,T,E,gW,gA,D,LP,LS) toma varias entradas,

W	S-by-R weight matrix (or b, and S-by-1 bias vector)
P	R-by-Q input vectors (or ones(1,Q))
Z	S-by-Q weighted input vectors
N	S-by-Q net input vectors
A	S-by-Q output vectors
T	S-by-Q layer target vectors
E	S-by-Q layer error vectors
gW	S-by-R weight gradient with respect to performance
gA	S-by-Q output gradient with respect to performance
D	S-by-S neuron distances
LP	Learning parameters, none, LP = [ ]
LS	Learning state, initially should be = [ ]

y devuelve

dW	S-by-R weight (or bias) change matrix
LS	New learning state

El aprendizaje se produce según el parámetro de aprendizaje learnwh, que se muestra aquí con su valor por defecto.

LP.lr − 0.01	Learning rate

info = learnwh('*code*') devuelve información útil para cada cadena de *código*:

'pnames'	Names of learning parameters
'pdefaults'	Default learning parameters
'needg'	Returns 1 if this function uses gW or gA

Ejemplos

Aquí se define una entrada aleatoria P y un error E para una capa con una entrada de dos elementos y tres neuronas. También se define el parámetro de aprendizaje LR.

```
p = rand(2,1);

e = rand(3,1);

lp.lr = 0.5;
```

Dado que learnwh sólo necesita estos valores para calcular un cambio de peso (ver "Algoritmo" más adelante), utilícelos para hacerlo.

```
dW = learnwh([],p,[],[],[],[],e,[],[],[],lp,[])
```

Uso de la red

Puedes crear una red estándar que utilice learnwh con linearlayer.

Preparar los pesos y el sesgo de la capa i de una red personalizada para aprender con learnwh,

- Set `net.trainFcn` to `'trainb'`. `net.trainParam` automatically becomes `trainb`'s default parameters.
- Set `net.adaptFcn` to `'trains'`. `net.adaptParam` automatically becomes `trains`'s default parameters.
- Set each `net.inputWeights{i,j}.learnFcn` to `'learnwh'`.
- Set each `net.layerWeights{i,j}.learnFcn` to `'learnwh'`.
- Set `net.biases{i}.learnFcn` to `'learnwh'`. Each weight and bias learning parameter property is automatically set to the `learnwh` default parameters.

Para entrenar la red (o permitir que se adapte),

- Set `net.trainParam` (or `net.adaptParam`) properties to desired values
- Call `train` (or `adapt`).

Algoritmos

learnwh calcula el cambio de peso dW para una neurona dada a partir de la entrada P y el error E de la neurona, y la tasa de aprendizaje del peso (o sesgo) LR, según la regla de aprendizaje Widrow-Hoff:

```
dw = lr*e*pn'
```

3.6.2 maxlinlr

Velocidad máxima de aprendizaje para la capa lineal

Sintaxis

```
lr = maxlinlr(P)
lr = maxlinlr(P,'bias')|
```

Descripción

maxlinlr is used to calculate learning rates for linearlayer.

lr = maxlinlr(P) takes one argument,

P	R-by-Q matrix of input vectors

and returns the maximum learning rate for a linear layer without a bias that is to be trained only on the vectors in P.

lr = maxlinlr(P,'bias') returns the maximum learning rate for a linear layer with a bias.

Ejemplos

Aquí se define un lote de cuatro vectores de entrada de dos elementos y se encuentra la tasa máxima de aprendizaje para una capa lineal con un sesgo.

```
P = [1 2 -4 7; 0.1 3 10 6];

lr = maxlinlr(P,'bias')
```

3.7 FILTRADO ADAPTATIVO (ADAPT)

La red ADALINE, al igual que el perceptrón, sólo puede resolver problemas linealmente separables. Sin embargo, es una de las redes neuronales más utilizadas en aplicaciones prácticas. El filtrado adaptativo es uno de sus principales ámbitos de aplicación.

3.7.1 Línea de retardo con toma

Se necesita un nuevo componente, la línea de retardo con toma, para aprovechar al máximo la red ADALINE. Dicha línea de retardo se muestra en la siguiente figura. La señal de entrada entra por la izquierda y pasa por $N-1$ retardos. La salida de la línea de retardo con toma (TDL) es un vector *de N dimensiones*, formado por la señal de entrada en el momento actual, la señal de entrada anterior, etc.

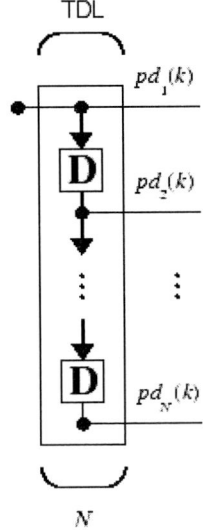

3.7.2 Filtro adaptativo

Se puede combinar una línea de retardo con una red ADALINE para crear el *filtro adaptativo* que se muestra en la siguiente figura.

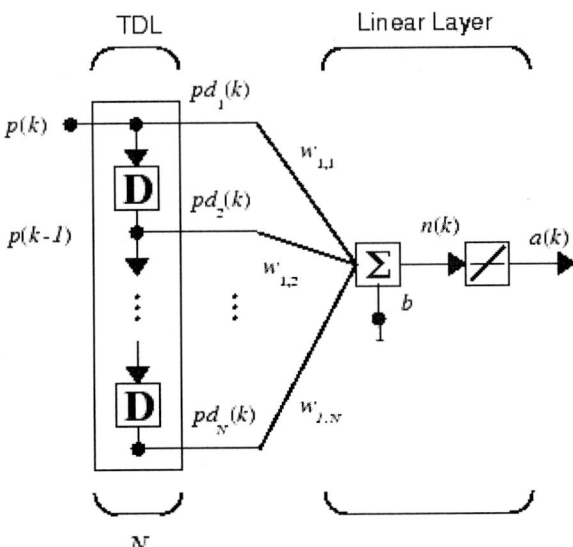

La salida del filtro viene dada por

$$\alpha(k) = purelin(\mathbf{Wp} + b) = \sum_{i=1}^{R} w_{1,i}\alpha(k - i + 1) + b$$

En el procesamiento digital de señales, esta red se denomina filtro de *respuesta al impulso finito (FIR)*. Echa un vistazo al código utilizado para generar y simular una red adaptativa de este tipo.

3.7.3 Ejemplo de filtro adaptativo

En primer lugar, define una nueva red lineal utilizando linearlayer.

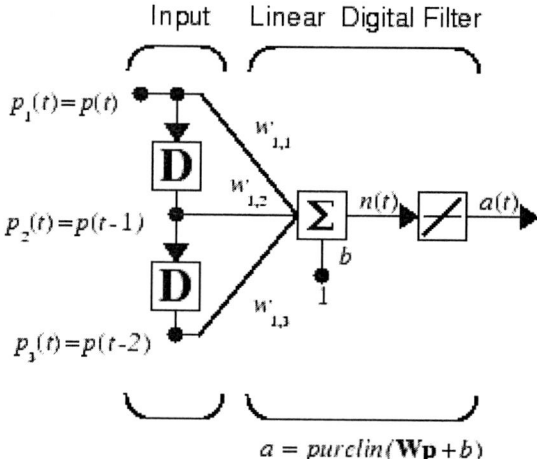

Supongamos que la capa lineal tiene una sola neurona con una sola entrada y un retardo de toma de 0, 1 y 2 retardos.

```
net = linearlayer([0 1 2]);

net = configure(net,0,0);
```

Puede especificar tantos retrasos como desee, y puede omitir algunos valores si lo desea. Deben estar en orden ascendente.

Puede dar las distintas ponderaciones y los valores de sesgo con

```
net.IW{1,1} = [7 8 9];

net.b{1} = [0];
```

Por último, definir los valores iniciales de las salidas de los retardos como

```
pi = {1 2};
```

Estos están ordenados de izquierda a derecha para corresponder a los retrasos tomados de arriba a abajo en la figura. Con esto concluye la configuración de la red.

Para configurar la entrada, suponga que los escalares de entrada llegan en una secuencia: primero el valor 3, luego el valor 4, a continuación, el valor 5 y finalmente el valor 6. Puedes indicar esta secuencia definiendo los valores como elementos de una matriz de celdas entre llaves.

```
p = {3 4 5 6};
```

Ahora tienes una red y una secuencia de entradas. Simula la red para ver cuál es su salida en función del tiempo.

```
[a,pf] = sim(net,p,pi)
```

Esta simulación produce una secuencia de salida

```
a

  [46]    [70]    [94]    [118]
```

y los valores finales de las salidas de retraso de

```
pf

  [5]    [6]
```

El ejemplo es lo suficientemente sencillo como para que puedas comprobarlo sin calculadora y asegurarte de que entiendes las entradas, los valores iniciales de los retardos, etc.

La red que acabamos de definir puede ser entrenada con la función adaptar para producir una secuencia de salida determinada. Supongamos, por ejemplo, que queremos que la red produzca la secuencia de valores 10, 20, 30, 40.

```
t = {10 20 30 40};
```

Se puede entrenar la red definida para ello, partiendo de las condiciones iniciales de retardo utilizadas anteriormente.

Deja que la red se adapte durante 10 pases sobre los datos.

```
for i = 1:10

    [net,y,E,pf,af] = adapt(net,p,t,pi);

end
```

Este código devuelve los pesos finales, el sesgo y la secuencia de salida que se muestra aquí.

```
wts = net.IW{1,1}

wts =

    0.5059    3.1053    5.7046

bias = net.b{1}

bias =

    -1.5993

y

y =

    [11.8558]    [20.7735]    [29.6679]    [39.0036]
```

Es de suponer que si se realizaran pases adicionales, la secuencia de salida se acercaría aún más a los valores deseados de 10, 20, 30 y 40.

Así pues, las redes adaptativas pueden especificarse, simularse y, finalmente, entrenarse con adaptaciones. Sin embargo, el valor más destacado de las redes adaptativas reside en su uso para realizar una función concreta, como la predicción o la cancelación de ruido.

3.7.4 Ejemplo de predicción

Suponga que quiere utilizar un filtro adaptativo para predecir el próximo valor de un proceso aleatorio estacionario, $p(t)$. Puede utilizar la red que se muestra en la siguiente figura para realizar esta predicción.

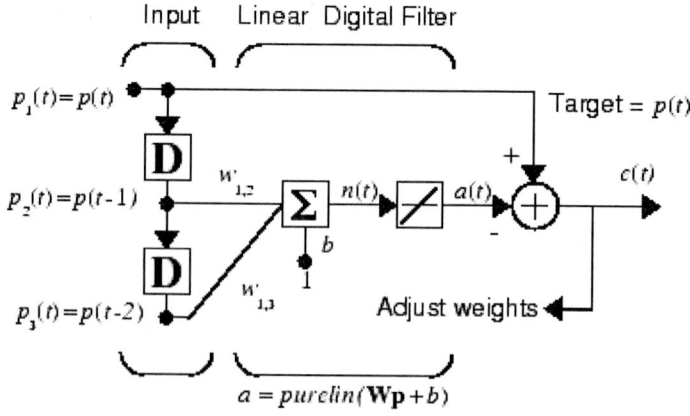

Predictive Filter: $a(t)$ is approximation to $p(t)$

La señal a predecir, $p(t)$, entra por la izquierda en una línea de retardo con tomas. Los dos valores anteriores de $p(t)$ están disponibles como salidas de la línea de retardo intervenida. La red utiliza la adaptación para cambiar los pesos en cada paso de tiempo con el fin de minimizar el error $e(t)$ en el extremo derecho. Si este error es 0, la salida de la red $a(t)$ es exactamente igual a $p(t)$, y la red ha hecho su predicción correctamente.

Dada la función de autocorrelación del proceso aleatorio estacionario $p(t)$, puede calcular la superficie de error, la tasa de aprendizaje máxima y los valores óptimos de las ponderaciones. Por supuesto, lo normal es que no se tenga información detallada sobre el proceso aleatorio, por lo que no se pueden realizar estos cálculos. Esta carencia no importa a la red. Una vez inicializada y en funcionamiento, la red se adapta en cada paso de tiempo para minimizar el error y en un tiempo relativamente corto es capaz de predecir la entrada $p(t)$.

3.7.5 Ejemplo de cancelación de ruido

Pensemos en un piloto en un avión. Cuando el piloto habla por un micrófono, el ruido del motor en la cabina se combina con la señal de voz. Este ruido adicional hace que la señal resultante que escuchan los pasajeros sea de baja calidad. El objetivo es obtener una señal que contenga la voz del piloto, pero no el ruido del motor. Se puede cancelar el ruido con un filtro adaptativo si se obtiene una muestra del ruido del motor y se aplica como entrada al filtro adaptativo.

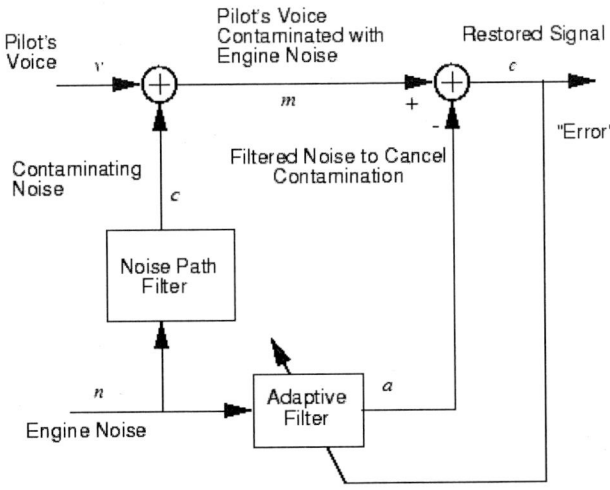

Adaptive Filter Adjusts to Minimize Error.
This removes the engine noise from contaminated signal, leaving the pilot's voice as the "error."

Como muestra la figura anterior, se entrena de forma adaptativa la red neural lineal para predecir la señal combinada piloto/motor *m a partir de* una señal de motor *n*. La señal de motor *n* no le dice a la red adaptativa nada sobre la señal de voz del piloto contenida en *m*. Sin embargo, la señal de motor *n* sí le da a la red información que puede utilizar para predecir la contribución del motor a la señal piloto/motor *m*.

La red hace todo lo posible para emitir *m* de forma adaptativa. En este caso, la red sólo puede predecir el ruido de interferencia del motor en la señal piloto/motor *m*. El error de la red *e* es igual a *m*, la señal piloto/motor, menos la señal de ruido contaminante del motor predicha. Por lo tanto, *e* contiene sólo la voz del piloto. La red lineal adaptativa aprende de forma adaptativa a cancelar el ruido del motor.

Este tipo de cancelación de ruido adaptativa suele hacer un mejor trabajo que un filtro clásico, porque resta de la señal en lugar de filtrarla el ruido de la señal *m*.

3.7.6 Filtros adaptativos de neuronas múltiples

Es posible que quieras utilizar más de una neurona en un sistema adaptativo, por lo que necesitas alguna notación adicional. Puedes utilizar una línea de retardo con *S* neuronas lineales, como se muestra en la siguiente figura.

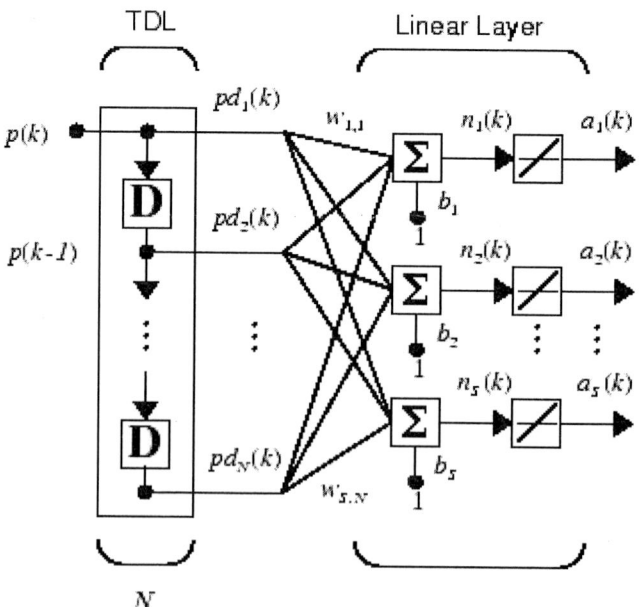

También se puede representar esta misma red de forma abreviada.

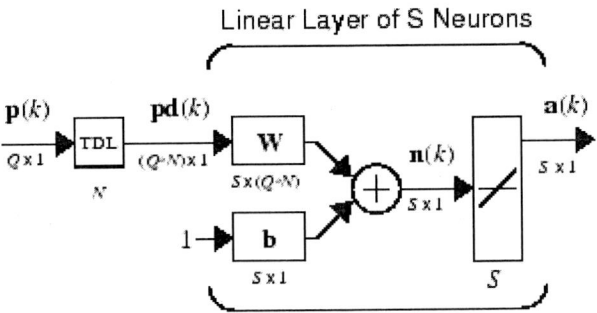

Si quieres mostrar más detalles de la línea de retardo de la toma -y no hay demasiados retardos- puedes utilizar la siguiente notación:

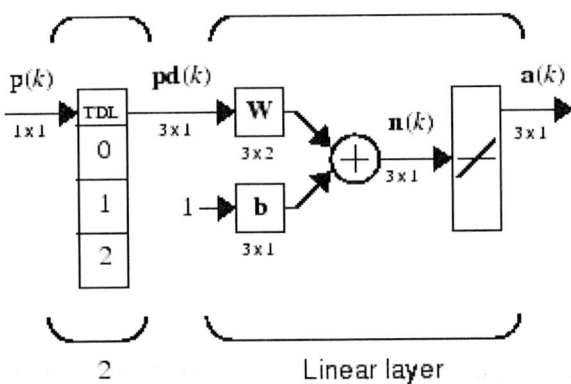

Aquí, una línea de retardo de toma envía a la matriz de peso:

- La señal actual
- La señal anterior
- La señal retrasada antes de que

Podría tener una lista más larga, y algunos valores de retardo podrían omitirse si se desea. El único requisito es que los retrasos deben aparecer en orden creciente a medida que van de arriba a abajo.

3.8 FILTRO ADAPTATIVO EJEMPLOS

Un **filtro adaptativo** es un sistema con un filtro lineal que tiene una función de transferencia controlada por parámetros variables y un medio para ajustar esos parámetros según un algoritmo de optimización. Debido a la complejidad de los algoritmos de optimización, casi todos los filtros adaptativos son filtros digitales. Los filtros adaptativos son necesarios para algunas aplicaciones porque algunos parámetros de la operación de procesamiento deseada (por ejemplo, las ubicaciones de las superficies reflectantes en un espacio reverberante) no se conocen de antemano o son cambiantes. El filtro adaptativo de bucle cerrado utiliza la retroalimentación en forma de señal de error para refinar su función de transferencia.

En general, el proceso adaptativo de bucle cerrado implica el uso de una función de coste, que es un criterio de rendimiento óptimo del filtro, para alimentar un algoritmo, que determina cómo modificar la función de transferencia del filtro para minimizar el coste en la siguiente iteración. La función de coste más común es el cuadrado medio de la señal de error.

A medida que ha aumentado la potencia de los procesadores de señales digitales, los filtros adaptativos se han hecho mucho más comunes y ahora se utilizan de forma rutinaria en dispositivos como teléfonos móviles y otros aparatos de comunicación, videocámaras y cámaras digitales, y equipos de monitorización médica.

3.8.1 Asociación de patrones que muestra la superficie de error

Una neurona lineal está diseñada para responder a entradas específicas con salidas objetivo.

X define dos patrones de entrada de 1 elemento (vectores columna). T define los objetivos asociados de 1 elemento (vectores columna).

```
X = [1.0 -1.2];
T = [0.5 1.0];
```

ERRSURF calcula los errores para una neurona y con un rango de valores posibles de peso y sesgo. PLOTES traza esta superficie de error con un gráfico de contorno y debajo. Los mejores valores de peso y sesgo son los que dan como resultado el punto más bajo de la superficie de error.

```
w_range = -1:0.1:1;
b_range = -1:0.1:1;
ES = errsurf(X,T,w_range,b_range,'purelin');
plotes(w_range,b_range,ES);
```

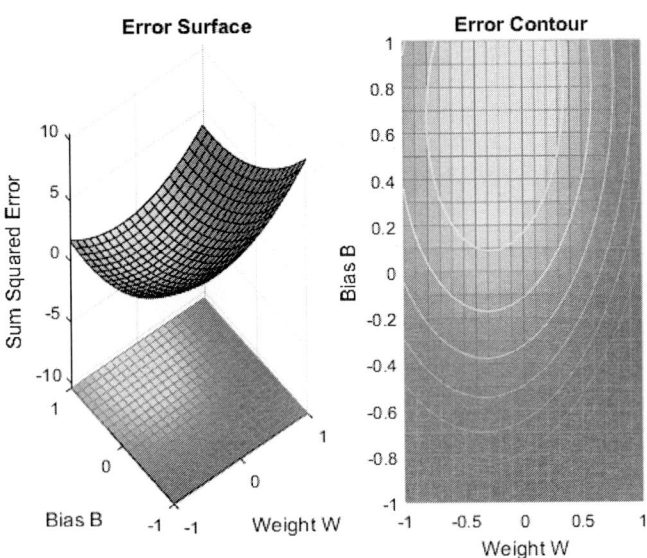

La función NEWLIND diseñará la red que funcione con el mínimo error.

```
net = newlind(X,T);
```

SIM se utiliza para simular la red para las entradas X. Entonces podemos calcular los errores de las neuronas. SUMSQR suma los errores al cuadrado.

```
A = net(X)
E = T - A
SSE = sumsqr(E)

A =

    0.5000    1.0000


E =

    0    0


SSE =

    0
```

PLOTES replantea la superficie de error. PLOTEP traza la "posición" de la red utilizando los valores de peso y sesgo devueltos por SOLVELIN. Como se puede ver en el gráfico, SOLVELIN encontró la solución de error mínima.

```
plotes(w_range,b_range,ES);
plotep(net.IW{1,1},net.b{1},SSE);
```

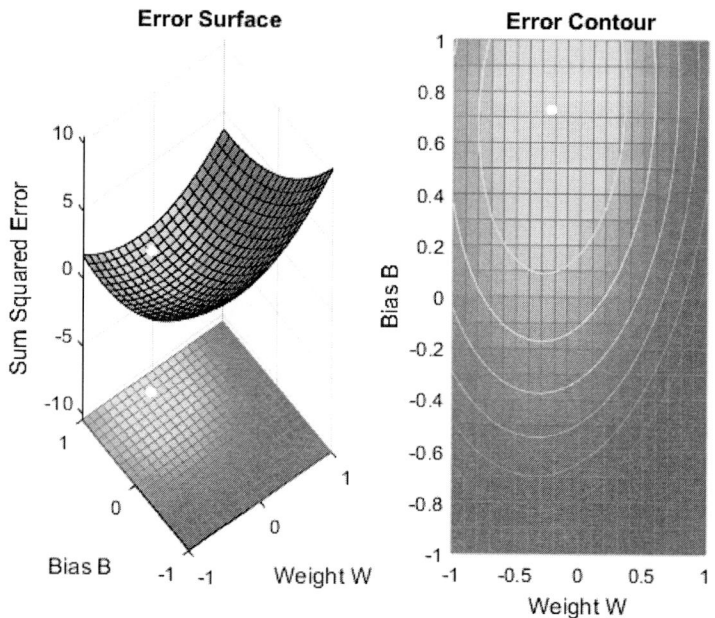

Ahora podemos probar el asociador con una de las entradas originales, -1,2, y ver si devuelve el objetivo, 1,0.

```
x = -1.2;
y = net(x)

y =

    1
```

3.8.2 Entrenamiento de una neurona lineal

Una neurona lineal se entrena para responder a entradas específicas con salidas objetivo.

X define dos patrones de entrada de 1 elemento (vectores columna). T define los objetivos asociados de 1 elemento (vectores columna). Se puede utilizar una neurona lineal de entrada única con sesgo y para resolver este problema.

```
X = [1.0 -1.2];
T = [0.5 1.0];
```

ERRSURF calcula los errores para una neurona y con un rango de valores posibles de peso y sesgo. PLOTES traza esta superficie de error con un gráfico de contorno y debajo. Los mejores valores de peso y sesgo son los que dan como resultado el punto más bajo de la superficie de error.

```
w_range = -1:0.2:1;   b_range = -1:0.2:1;
ES = errsurf(X,T,w_range,b_range,'purelin');
plotes(w_range,b_range,ES);
```

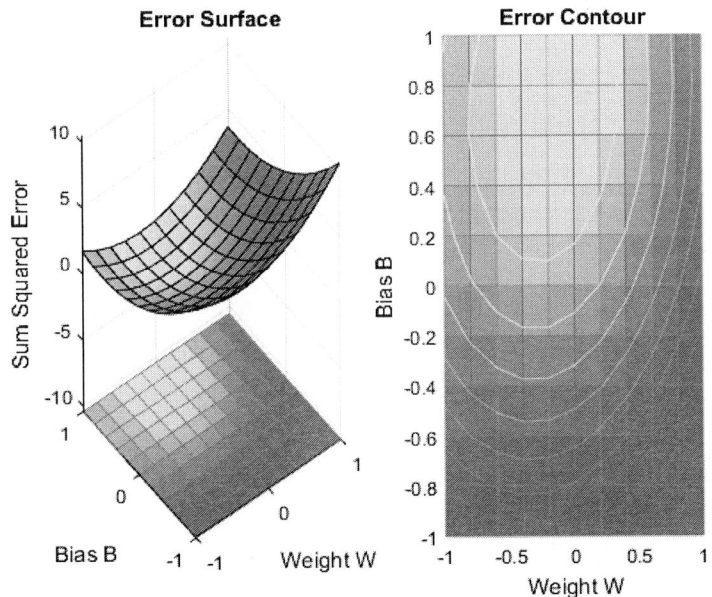

MAXLINLR encuentra la tasa de aprendizaje estable más rápida para el entrenamiento de la red lineal. Para este ejemplo, esta tasa será sólo el 40% de este máximo. NEWLIN crea la neurona lineal y. NEWLIN toma estos argumentos:

1) Matriz Rx2 de valores mínimos y máximos para R elementos de entrada,

2) Número de elementos en el vector de salida,

3) Vector de retardo de entrada, y

4) Tasa de aprendizaje.

```
maxlr = 0.40*maxlinlr(X,'bias');
net = newlin([-2 2],1,[0],maxlr);
```

Anule los parámetros de entrenamiento por defecto estableciendo el objetivo de rendimiento.

```
net.trainParam.goal = .001;
```

Para mostrar la trayectoria del entrenamiento, entrenaremos sólo una época en y y llamaremos a PLOTEP cada época. El gráfico muestra la historia del entrenamiento en y. Cada punto representa una época y las líneas azules (negras, en el gráfico) muestran cada cambio realizado por la regla de aprendizaje (Widrow-Hoff por defecto).

```
% [net,tr] = train(net,X,T);
net.trainParam.epochs = 1;
net.trainParam.show = NaN;
h=plotep(net.IW{1},net.b{1},mse(T-net(X)));
[net,tr] = train(net,X,T);
r = tr;
epoch = 1;
while true
    epoch = epoch+1;
    [net,tr] = train(net,X,T);
    if length(tr.epoch) > 1
        h = plotep(net.IW{1,1},net.b{1},tr.perf(2),h);
        r.epoch=[r.epoch epoch];
        r.perf=[r.perf tr.perf(2)];
        r.vperf=[r.vperf NaN];
        r.tperf=[r.tperf NaN];
    else
        break
    end
end
tr=r;
```

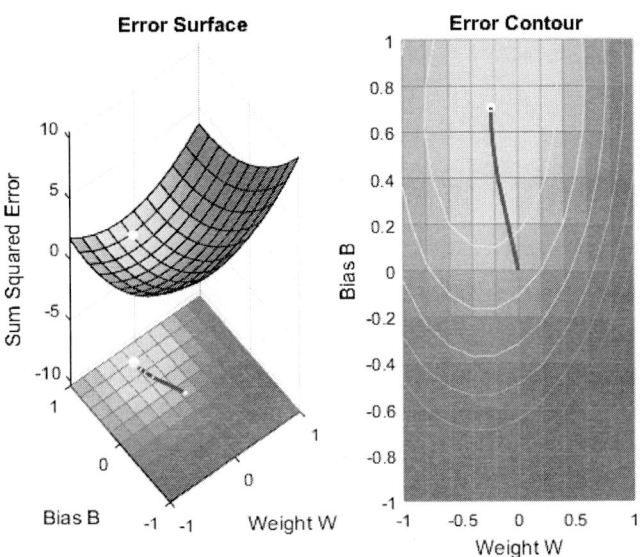

La función entrenar da como resultado la red entrenada y el historial del rendimiento del entrenamiento (tr). Aquí se representan los errores con respecto a las épocas de entrenamiento: el error disminuyó hasta que cayó por debajo del objetivo de error (la línea negra). En ese momento, el entrenamiento se detuvo.

```
plotperform(tr);
```

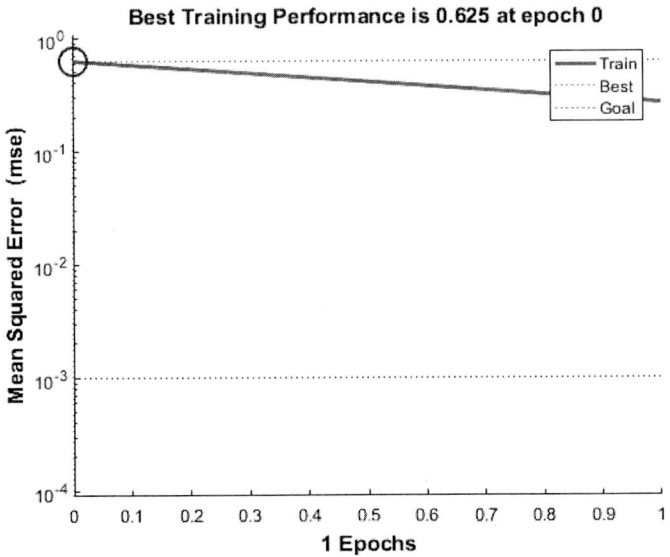

Ahora utiliza SIM para probar el asociador con una de las entradas originales, -1,2, y ver si devuelve el objetivo, 1,0. El resultado está muy cerca de 1, el objetivo. Podría acercarse aún más bajando el objetivo de rendimiento.

```
x = -1.2;
y = net(x)

y =

    0.9817
```

3.8.3 Cancelación de ruido adaptativa

Se permite que una neurona lineal se adapte para que, dada una señal, pueda predecir una segunda señal.

TIME define los pasos de tiempo de esta simulación. P define una señal sobre estos pasos de tiempo. T es una señal derivada de P desplazándola hacia la izquierda, multiplicándola por 2 y sumándola a sí misma.

```
time = 1:0.01:2.5;
X = sin(sin(time).*time*10);
P = con2seq(X);
T = con2seq(2*[0 X(1:(end-1))] + X);
```

Así es como se trazan las dos señales:

```
plot(time,cat(2,P{:}),time,cat(2,T{:}),'--')
title('Input and Target Signals')
xlabel('Time')
legend({'Input','Target'})
```

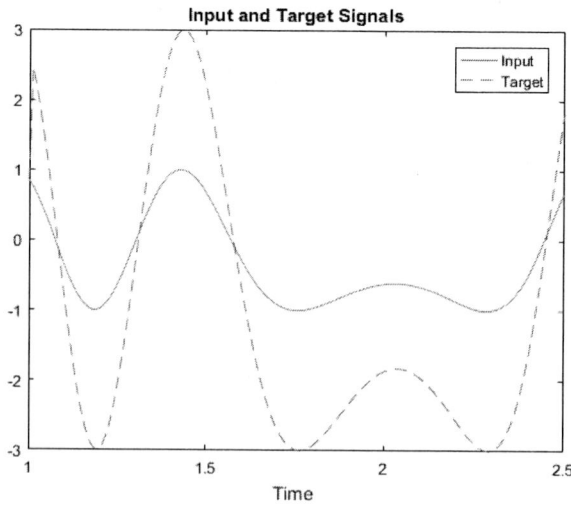

La red lineal debe tener un retardo de toma para aprender la correlación desplazada en el tiempo entre P y T. NEWLIN crea una capa lineal. [-3 3] es el rango de entrada esperado. El segundo argumento es el número de neuronas de la capa. [0 1] especifica una entrada sin retardo y una entrada con un retardo de uno. El último argumento es la tasa de aprendizaje.

```
net = newlin([-3 3],1,[0 1],0.1);
```

ADAPT simula redes adaptativas. Toma una red, una señal y una señal objetivo, y filtra la señal de forma adaptativa. Represente la salida Y en azul, el objetivo T en rojo y el error E en verde. En t = 2, la red ha aprendido la relación entre la entrada y el objetivo y el error desciende hasta casi cero.

```
[net,Y,E,Pf]=adapt(net,P,T);
plot(time,cat(2,Y{:}),'b', ...
    time,cat(2,T{:}),'r', ...
    time,cat(2,E{:}),'g',[1 2.5],[0 0],'k')
legend({'Output','Target','Error'})
```

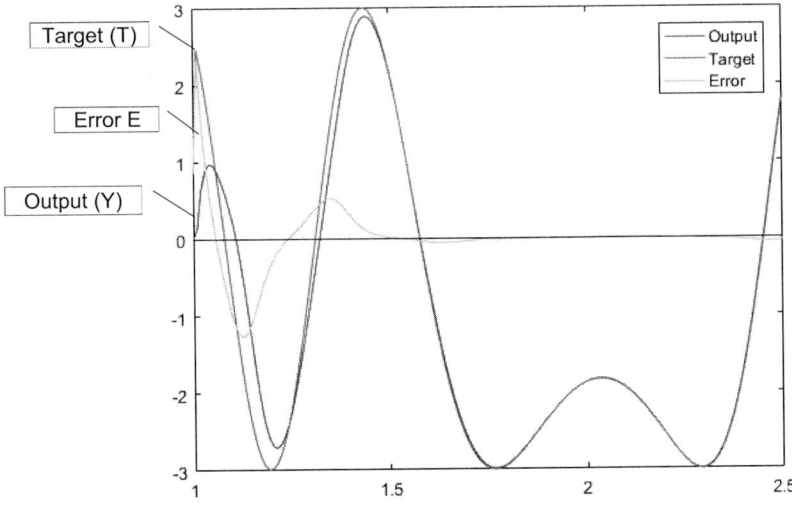

3.8.4 Ajuste lineal de un problema no lineal

Una neurona lineal se entrena para encontrar el ajuste lineal de mínimo error cuadrado a un problema no lineal de entrada/salida.

X define cuatro patrones de entrada de 1 elemento (vectores columna). T define los objetivos asociados de 1 elemento (vectores columna). Obsérvese que la relación entre los valores en X y en T no es lineal. Es decir, no existen W y B de forma que X*W+B = T para los cuatro conjuntos de valores X y T anteriores.

```
X = [+1.0 +1.5 +3.0 -1.2];
T = [+0.5 +1.1 +3.0 -1.0];
```

ERRSURF calcula los errores para una neurona y con un rango de valores posibles de peso y sesgo. PLOTES traza esta superficie de error con un gráfico de contorno y debajo.

Los mejores valores de peso y sesgo son los que dan lugar al punto más bajo de la superficie de error. Obsérvese que, como no es posible un ajuste lineal perfecto, el mínimo tiene un error superior a 0.

```
w_range =-2:0.4:2;  b_range = -2:0.4:2;
ES = errsurf(X,T,w_range,b_range,'purelin');
plotes(w_range,b_range,ES);
```

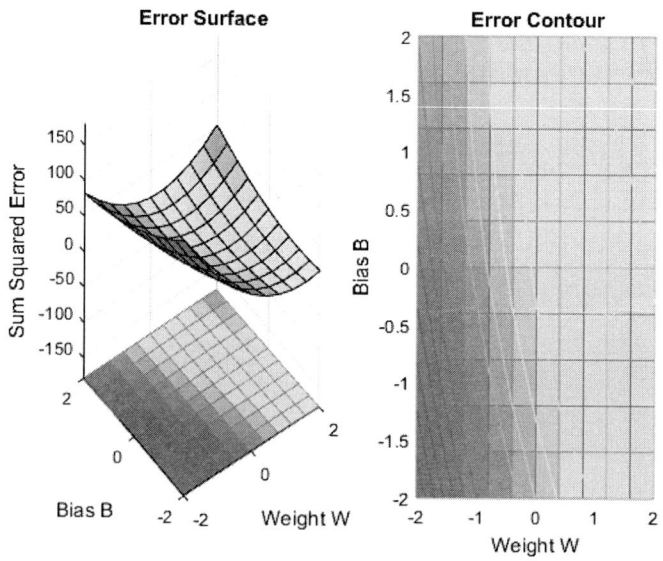

MAXLINLR encuentra la tasa de aprendizaje estable más rápida para entrenar la red lineal y. NEWLIN crea la neurona lineal y. NEWLIN toma estos argumentos:

1) Matriz Rx2 de valores mínimos y máximos para R elementos de entrada.

2) Número de elementos en el vector de salida.

3) Vector de retraso de entrada, y

4) Tasa de aprendizaje.

```
maxlr = maxlinlr(X,'bias');
net = newlin([-2 2],1,[0],maxlr);
```

Anula los parámetros de entrenamiento por defecto estableciendo el número máximo de épocas. Esto asegura que el entrenamiento se detenga.

net.trainParam.epochs = 15;

Para mostrar la trayectoria del entrenamiento, entrenaremos sólo una época en y y llamaremos a PLOTEP cada época (el código no se muestra aquí). El gráfico muestra la historia del entrenamiento. Cada punto representa una época y las líneas azules (negras en el gráfico) muestran cada cambio realizado por la regla de aprendizaje (Widrow-Hoff por defecto).

```
% [net,tr] = train(net,X,T);
net.trainParam.epochs = 1;
net.trainParam.show = NaN;
h=plotep(net.IW{1},net.b{1},mse(T-net(X)));
[net,tr] = train(net,X,T);
r = tr;
epoch = 1;
while epoch < 15
    epoch = epoch+1;
    [net,tr] = train(net,X,T);
    if length(tr.epoch) > 1
        h = plotep(net.IW{1,1},net.b{1},tr.perf(2),h);
        r.epoch=[r.epoch epoch];
        r.perf=[r.perf tr.perf(2)];
        r.vperf=[r.vperf NaN];
        r.tperf=[r.tperf NaN];
    else
        break
    end
end
tr=r;
```

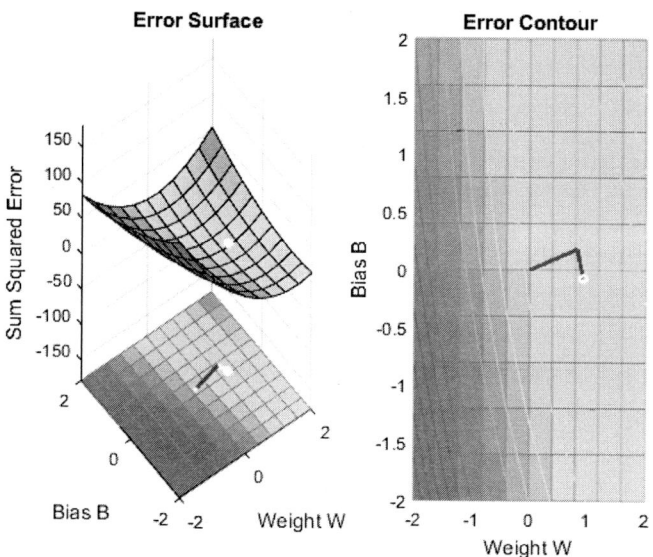

La función entrenar da como resultado la red entrenada y el historial del rendimiento del entrenamiento (tr). Aquí los errores se representan con respecto a las épocas de entrenamiento.

Obsérvese que el error nunca llega a 0. Este problema no es lineal y, por tanto, no es posible una solución lineal de error cero.

```
plotperform(tr);
```

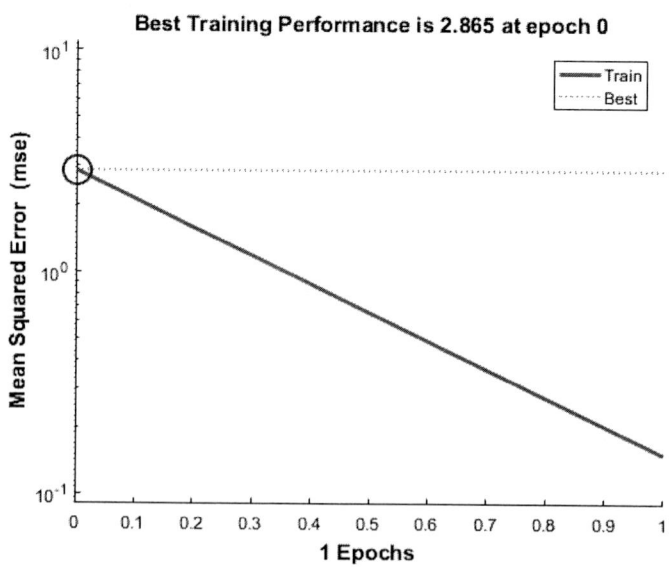

Ahora usa SIM para probar el asociador con una de las entradas originales, -1.2, y ver si devuelve el objetivo, 1.0.

El resultado no se acerca mucho a 0,5. Esto se debe a que la red es el mejor ajuste lineal para un problema no lineal.

```
x = -1.2;
y = net(x)
y =

    -1.1803
```

3.8.5 Problema indeterminado

Una neurona lineal se entrena para encontrar una solución no única a un problema indeterminado.

X define un patrón de entrada de 1 elemento (vectores columna). T define un objetivo asociado de 1 elemento (vectores columna). Obsérvese que existen infinitos valores de W y B tales que la expresión W * X + B = T es verdadera. Los problemas con múltiples soluciones se denominan subdeterminados.

```
X = [+1.0];
T = [+0.5];
```

ERRSURF calcula los errores para una neurona y con un rango de posibles valores de peso y sesgo. PLOTES traza esta superficie de error con un gráfico de contorno de y debajo. El fondo del valle en la superficie de error corresponde a las soluciones infinitas de este problema.

```
w_range = -1:0.2:1;  b_range = -1:0.2:1;
ES = errsurf(X,T,w_range,b_range,'purelin');
plotes(w_range,b_range,ES);
```

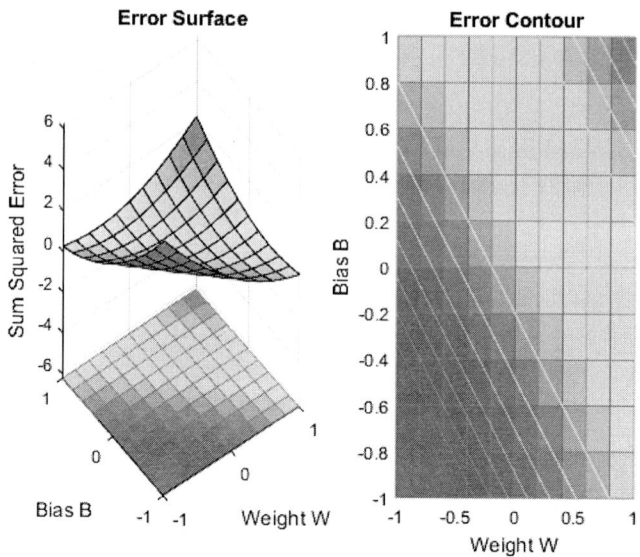

MAXLINLR encuentra la tasa de aprendizaje estable más rápida para entrenar la red lineal y. NEWLIN crea la neurona lineal y. NEWLIN toma estos argumentos:

1) Matriz Rx2 de valores mínimos y máximos para R elementos de entrada,

2) Número de elementos en el vector de salida,

3) Vector de retraso de entrada, y

4) Tasa de aprendizaje.

```
maxlr = maxlinlr(X,'bias');
net = newlin([-2 2],1,[0],maxlr);
```

Anule los parámetros de entrenamiento por defecto estableciendo el objetivo de rendimiento.

```
net.trainParam.goal = 1e-10;
```

Para mostrar la trayectoria del entrenamiento, entrenaremos sólo una época en y y llamaremos a PLOTEP cada época. El gráfico muestra la historia del entrenamiento en y. Cada punto representa una época y las líneas azules (negras en el gráfico) muestran cada cambio realizado por la regla de aprendizaje (Widrow-Hoff por defecto).

```
% [net,tr] = train(net,X,T);
net.trainParam.epochs = 1;
net.trainParam.show = NaN;
h=plotep(net.IW{1},net.b{1},mse(T-net(X)));
[net,tr] = train(net,X,T);
r = tr;
epoch = 1;
while true
    epoch = epoch+1;
    [net,tr] = train(net,X,T);
    if length(tr.epoch) > 1
        h = plotep(net.IW{1,1},net.b{1},tr.perf(2),h);
        r.epoch=[r.epoch epoch];
        r.perf=[r.perf tr.perf(2)];
        r.vperf=[r.vperf NaN];
        r.tperf=[r.tperf NaN];
    else
        break
    end
end
tr=r;
```

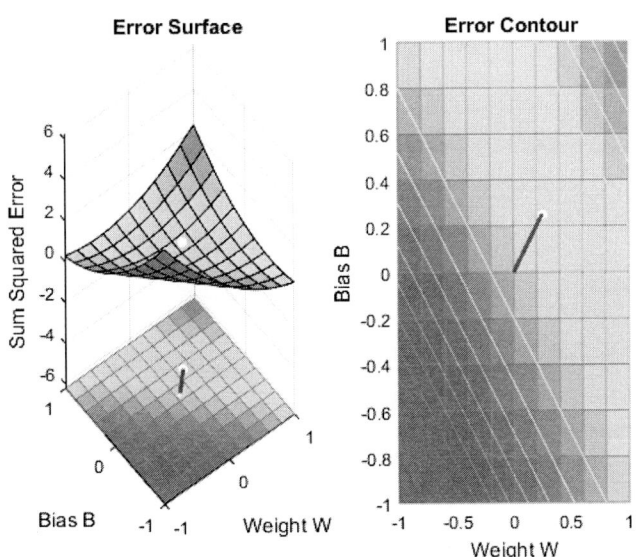

Aquí representamos la solución NEWLIND. Obsérvese que las soluciones TRAIN (punto blanco) y SOLVELIN (círculo rojo, gris en el gráfico) no son las mismas. De hecho, TRAINWH devolverá una solución diferente para diferentes condiciones iniciales, mientras que SOLVELIN siempre devolverá la misma solución.

```
solvednet = newlind(X,T);
hold on;
plot(solvednet.IW{1,1},solvednet.b{1},'ro')
hold off;
```

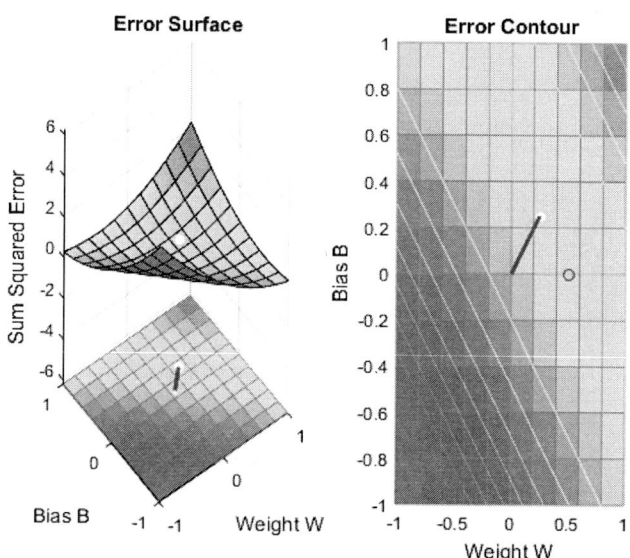

La función entrenar da como resultado la red entrenada y el historial del rendimiento del entrenamiento (tr). Aquí se representan los errores con respecto a las épocas de entrenamiento: una vez que el error alcanza el objetivo, se ha encontrado una solución adecuada para W y B. Sin embargo, dado que el problema es indeterminado, esta solución no es única.

```
subplot(1,2,1);
plotperform(tr);
```

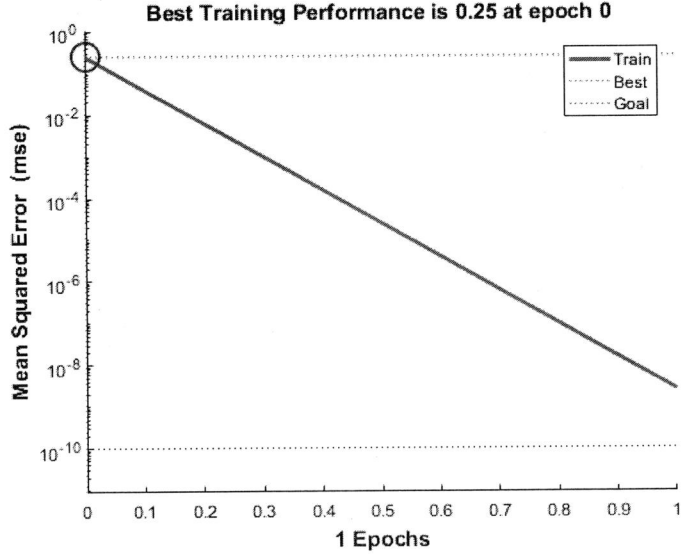

Ahora podemos probar el asociador con una de las entradas originales, 1,0, y ver si devuelve el objetivo, 0,5. El resultado es muy cercano a 0,5. El error puede reducirse aún más, si es necesario, mediante el entrenamiento continuo con TRAINWH utilizando un objetivo de error más pequeño.

```
x = 1.0;
y = net(x)
y =

    0.5000
```

3.8.6 Problema de dependencia lineal

Una neurona lineal se entrena para encontrar la solución de error mínimo para un problema y con vectores de entrada linealmente dependientes. Si la dependencia lineal de los vectores de entrada no coincide con la de los vectores objetivo, el problema es no lineal y no tiene una solución lineal de error cero.

X define tres patrones de entrada de 2 elementos (vectores columna). Observe que 0,5 veces la suma de los vectores (columna) 1 y 3 da como resultado el vector 2. Esto se llama dependencia lineal.

```
X = [ 1.0   2.0   3.0; ...
      4.0   5.0   6.0];
```

T define un objetivo asociado de 1 elemento (vectores columna). Nótese que 0,5 veces la suma de -1,0 y 0,5 no es igual a 1,0. Debido a que la dependencia lineal en X no se corresponde con T, este problema no es lineal y no tiene una solución lineal de error cero.

```
T = [0.5 1.0 -1.0];
```

MAXLINLR encuentra la tasa de aprendizaje estable más rápida para TRAINWH. NEWLIN crea una neurona lineal. NEWLIN toma estos argumentos 1) Matriz Rx2 de valores mínimos y máximos para R elementos de entrada, 2) Número de elementos en el vector de salida, 3) Vector de retardo de entrada, y 4) Tasa de aprendizaje.

```
maxlr = maxlinlr(X,'bias');
net = newlin([0 10;0 10],1,[0],maxlr);
```

TRAIN utiliza la regla Widrow-Hoff para entrenar redes lineales por defecto. Se mostrará cada 50 épocas y se entrenará durante un máximo de 500 épocas.

```
net.trainParam.show = 50;     % Frequency of progress displays (in epochs).
net.trainParam.epochs = 500;  % Maximum number of epochs to train.
net.trainParam.goal = 0.001;  % Sum-squared error goal.
```

Ahora la red se entrena con las entradas X y los objetivos T. Obsérvese que, debido a la dependencia lineal entre los vectores de entrada, el problema no alcanzó el objetivo de error representado por la línea negra.

```
[net,tr] = train(net,X,T);
```

Ahora podemos probar el asociador con una de las entradas originales, [1; 4], y ver si devuelve el objetivo, 0,5. El resultado no es 0,5, ya que la red lineal no pudo ajustarse al problema no lineal causado por la dependencia lineal entre los vectores de entrada.

```
p = [1.0; 4];
y = net(p)

y =

    0.8971
```

3.8.7 Tasa de aprendizaje demasiado grande

Se entrena una neurona lineal para encontrar la solución de mínimo error para un problema simple. La neurona se entrena con una tasa de aprendizaje mayor que la sugerida por MAXLINLR.

X define dos patrones de entrada de 1 elemento (vectores columna). T define objetivos asociados de 1 elemento (vectores columna).

```
X = [+1.0 -1.2];
T = [+0.5 +1.0];
```

ERRSURF calcula los errores de una neurona con un rango de posibles valores de peso y sesgo. PLOTES traza esta superficie de error con un gráfico de contorno debajo. Los mejores valores de peso y sesgo son los que dan como resultado el punto más bajo de la superficie de error.

```
w_range = -2:0.4:2;
b_range = -2:0.4:2;
ES = errsurf(X,T,w_range,b_range,'purelin');
plotes(w_range,b_range,ES);
```

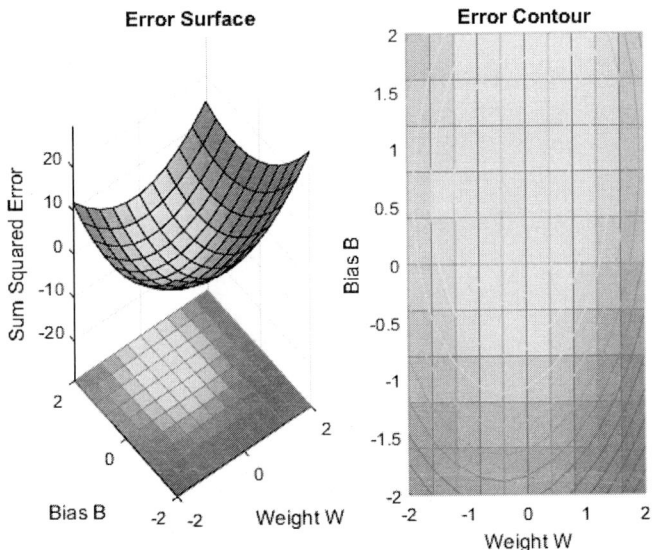

MAXLINLR encuentra la tasa de aprendizaje estable más rápida para entrenar una red lineal. NEWLIN crea una neurona lineal. Para ver lo que ocurre cuando la tasa de aprendizaje es demasiado grande, aumente la tasa de aprendizaje al 225% del valor recomendado. NEWLIN toma estos argumentos:

1) Matriz Rx2 de valores mínimos y máximos para R elementos de entrada,

2) Número de elementos en el vector de salida,

3) Vector de retardo de entrada, y

4) Tasa de aprendizaje.

```
maxlr = maxlinlr(X,'bias');
net = newlin([-2 2],1,[0],maxlr*2.25);
```

Anule los parámetros de entrenamiento por defecto estableciendo el número máximo de épocas. Esto asegura que el entrenamiento se detenga:

```
net.trainParam.epochs = 20;
```

Para mostrar la trayectoria del entrenamiento, entrenaremos sólo una época a la vez y llamaremos a PLOTEP cada época (el código no se muestra aquí). El gráfico muestra la historia del entrenamiento. Cada punto representa una época y las líneas azules (negras en el gráfico) muestran cada cambio realizado por la regla de aprendizaje (Widrow-Hoff por defecto).

```
%[net,tr] = train(net,X,T);
net.trainParam.epochs = 1;
net.trainParam.show = NaN;
h=plotep(net.IW{1},net.b{1},mse(T-net(X)));
[net,tr] = train(net,X,T);
r = tr;
epoch = 1;
while epoch < 20
    epoch = epoch+1;
    [net,tr] = train(net,X,T);
    if length(tr.epoch) > 1
        h = plotep(net.IW{1,1},net.b{1},tr.perf(2),h);
        r.epoch=[r.epoch epoch];
        r.perf=[r.perf tr.perf(2)];
        r.vperf=[r.vperf NaN];
        r.tperf=[r.tperf NaN];
    else
        break
    end
end
tr=r;
```

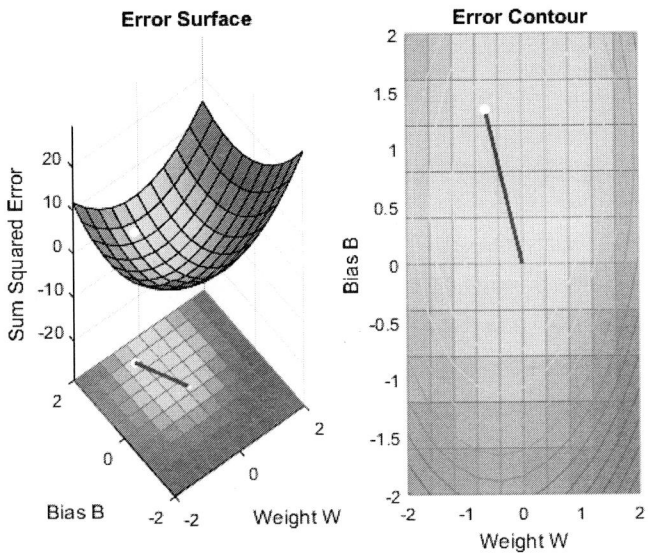

La función de entrenamiento da como resultado la red entrenada y un historial del rendimiento del entrenamiento (tr). Aquí los errores se representan con respecto a las épocas de entrenamiento.

```
plotperform(tr);
```

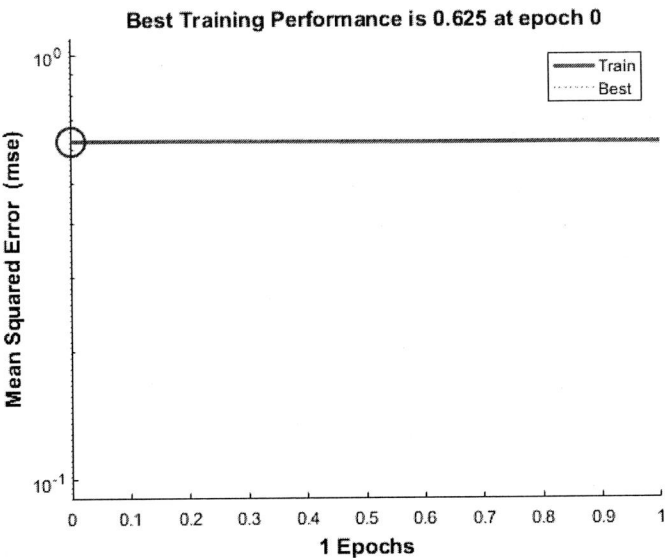

Ahora podemos utilizar SIM para probar el asociador con una de las entradas originales, -1,2, y ver si devuelve el objetivo, 1,0. El resultado no se acerca mucho a 0,5. Esto se debe a que la red fue entrenada con una tasa de aprendizaje demasiado grande.

```
x = -1.2;
y = net(x)

y =

    2.0913
```

Capítulo 4

HERRAMIENTAS DE APRENDIZAJE PROFUNDO.

ARQUITECTURA DE REDES NEURONALES:

REDES NEURONALES DE PERCEPTRÓN

4.1 INTRODUCCIÓN

Rosenblatt creó muchas variaciones del perceptrón. Una de las más sencillas era una red de una sola capa cuyos pesos y sesgos podían entrenarse para producir un vector objetivo correcto cuando se le presentaba el vector de entrada correspondiente. La técnica de entrenamiento utilizada se denomina regla de aprendizaje del perceptrón. El perceptrón generó un gran interés debido a su capacidad de generalizar a partir de sus vectores de entrenamiento y de aprender a partir de conexiones inicialmente distribuidas al azar. Los perceptrones son especialmente adecuados para problemas sencillos de clasificación de patrones. Son redes rápidas y fiables para los problemas que pueden resolver. Además, la comprensión de las operaciones del perceptrón proporciona una buena base para entender redes más complejas.

4.2 MODELO NEURONAL

A continuación, se muestra una neurona de perceptrón que utiliza la función de transferencia hardlim

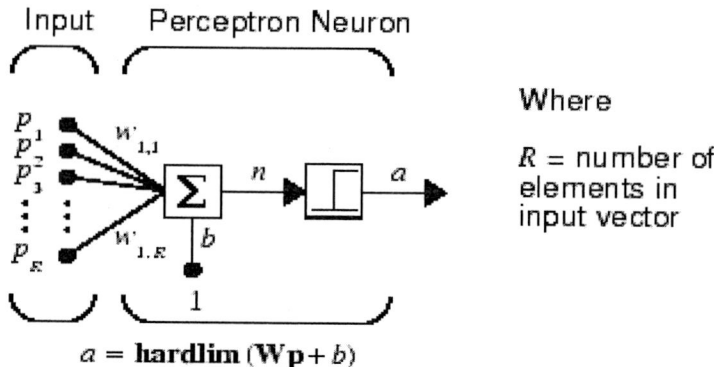

$$a = \mathbf{hardlim}\,(\mathbf{W}\mathbf{p} + b)$$

Cada entrada externa se pondera con un peso apropiado $w1j$, y la suma de las entradas ponderadas se envía a la función de transferencia de límite duro, que también tiene una entrada de 1 transmitida a ella a través del sesgo. La función de transferencia de límite duro, que devuelve un 0 o un 1, se muestra a continuación.

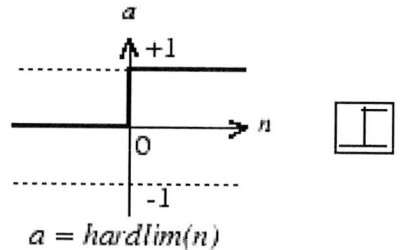

$$a = hardlim(n)$$

Hard-Limit Transfer Function

La neurona del perceptrón produce un 1 si la entrada de la red en la función de transferencia es igual o mayor que 0; en caso contrario, produce un 0.

La función de transferencia de límite duro da a un perceptrón la capacidad de clasificar vectores de entrada dividiendo el espacio de entrada en dos regiones. En concreto, las salidas serán 0 si la entrada neta n es menor que 0, o 1 si la entrada neta n es 0 o mayor. La siguiente figura muestra el espacio de entrada de una neurona de límite duro de dos entradas con los pesos $w_{1,1} = -1$, $w_{1,2} = 1$ y un sesgo $b = 1$.

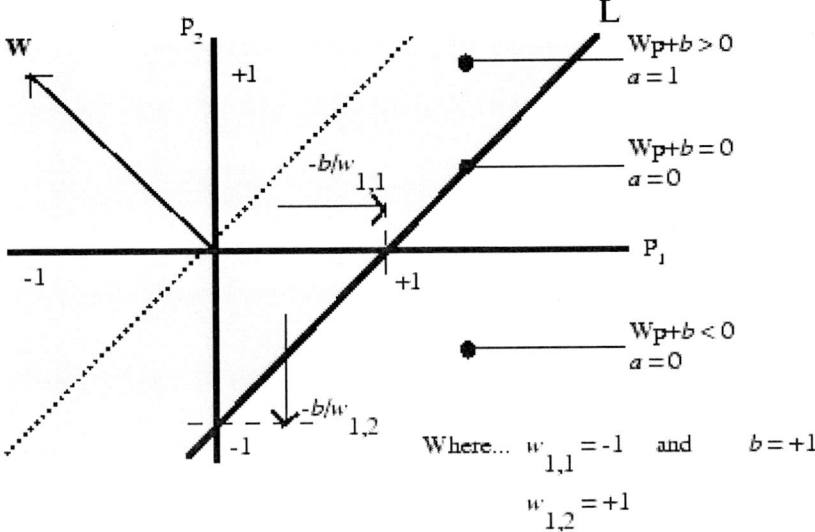

Dos regiones de clasificación están formadas por la línea *límite de decisión* L de en **Wp** + b = **0**.. Esta línea es perpendicular a la matriz de pesos **W** y se desplaza de acuerdo con el sesgo b. *Los vectores de* entrada por encima y a la izquierda de la línea L resultarán en una entrada neta mayor que 0 y, por lo tanto, causarán que la neurona de límite duro dé una salida de 1. Los vectores de entrada por debajo y a la derecha de la línea L causan que la neurona dé una salida de 0. Usted puede elegir los valores de peso y sesgo para orientar y mover la línea divisoria para clasificar el espacio de entrada como se desee.

Las neuronas de límite duro sin sesgo siempre tendrán una línea de clasificación que pasa por el origen. La adición de un sesgo permite a la neurona resolver problemas en los que los dos conjuntos de vectores de entrada no están situados en lados diferentes del origen. El sesgo permite que el límite de decisión se aleje del origen, como se muestra en el gráfico anterior.

4.3 ARQUITECTURA DEL PERCEPTRÓN

La red perceptrón consiste en una sola capa de S neuronas perceptrón conectadas a R *entradas* a través de un conjunto de pesos $w_{i,j}$, como se muestra a continuación en dos formas. Como antes, los índices de la red i y j indican que $w_{i,j}$ es la fuerza de la conexión de la j^a *entrada* a la i^a neurona.

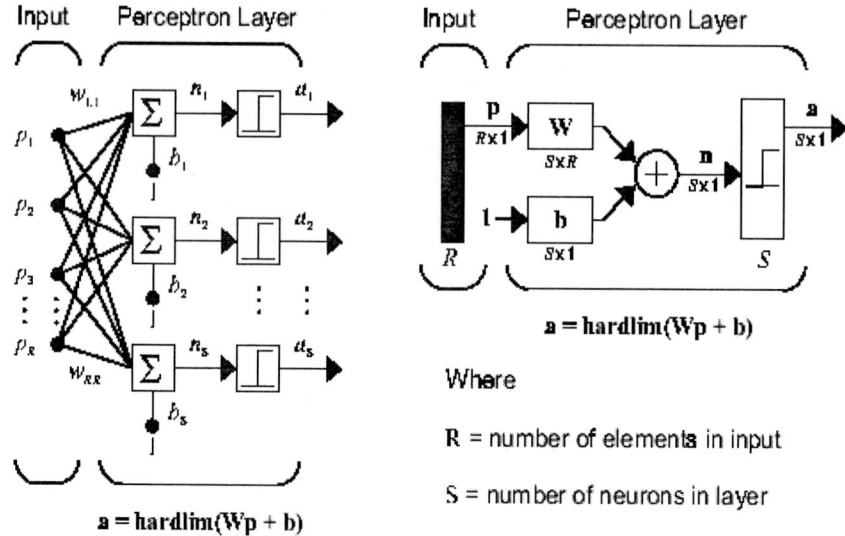

$$a = \text{hardlim}(Wp + b)$$

Where

R = number of elements in input

S = number of neurons in layer

La regla de aprendizaje del perceptrón descrita en breve es capaz de entrenar sólo una capa. Por lo tanto, aquí sólo se consideran las redes de una capa. Esta restricción limita el cálculo que puede realizar un perceptrón. Los tipos de problemas que los perceptrones son capaces de resolver se discuten en Limitaciones y Precauciones.

4.4 CREAR UN PERCEPTRÓN

Puedes crear un perceptrón con lo siguiente:

```
net = perceptron;
net = configure(net,P,T);
```

where input arguments are as follows:

- P is an R-by-Q matrix of Q input vectors of R elements each.
- T is an S-by-Q matrix of Q target vectors of S elements each.

Comúnmente, la función hardlim se utiliza en los perceptrones, por lo que es la predeterminada.

Los siguientes comandos crean una red perceptrón con un único vector de entrada de un elemento con los valores 0 y 2, y una neurona con salidas que pueden ser 0 o 1:

```
P = [0 2];
T = [0 1];
net = perceptron;
net = configure(net,P,T);
```

Puede ver qué red se ha creado ejecutando el siguiente comando:

```
inputweights = net.inputweights{1,1}
```

que da como resultado

```
inputweights =
         delays: 0
        initFcn: 'initzero'
          learn: true
       learnFcn: 'learnp'
     learnParam: (none)
           size: [1 1]
      weightFcn: 'dotprod'
    weightParam: (none)
       userdata: (your custom info)
```

La función de aprendizaje por defecto es learnp. La entrada neta a la función de transferencia hardlim es dotprod, que genera el producto del vector de entrada y la matriz de pesos y añade el sesgo para calcular la entrada neta.

La función de inicialización por defecto initzero se utiliza para poner a cero los valores iniciales de los pesos.

De la misma manera,

```
biases = net.biases{1}
```
da

```
biases =

        initFcn: 'initzero'
          learn: 1
       learnFcn: 'learnp'
     learnParam: []
           size: 1
       userdata: [1x1 struct]
```

Puedes ver que la inicialización por defecto para el sesgo también es 0.

4.5 REGLA DE APRENDIZAJE DEL PERCEPTRÓN (LEARNP)

Los perceptrones se entrenan con ejemplos de comportamiento deseado. El comportamiento deseado puede resumirse en un conjunto de pares de entrada y salida

$$\mathbf{p}_1\mathbf{t}_1, \mathbf{p}_2\mathbf{t}_1, ..., \mathbf{p}_Q\mathbf{t}_Q$$

donde **p** es una entrada a la red y **t** es la correspondiente salida correcta (objetivo). El objetivo es reducir el error **e**, que es la diferencia **t** - **a** entre la respuesta de la neurona **a** y el vector objetivo **t**. La regla de aprendizaje del perceptrón calcula los cambios deseados en los pesos y sesgos del perceptrón, dado un vector de entrada **p** y el error **e** asociado.

Cada vez que se ejecuta learnp, el perceptrón tiene más posibilidades de producir las salidas correctas. Se ha demostrado que la regla del perceptrón converge en una solución en un número finito de iteraciones si existe una solución.

Si no se utiliza un sesgo, learnp trabaja para encontrar una solución alterando únicamente el vector de pesos **w** para que apunte hacia los vectores de entrada que deben clasificarse como 1 y se aleje de los vectores que deben clasificarse como 0. Esto da como resultado un límite de decisión que es perpendicular a **wand** que clasifica correctamente los vectores de entrada.

Hay tres condiciones que pueden darse para una sola neurona una vez que se presenta un vector de entrada **p** y se calcula la respuesta **a** de la red:

CASO 1. Si se presenta un vector de entrada y la salida de la neurona es correcta (**a** = **t** y **e** = **t** - **a** = 0), el vector de pesos **w** no se altera.

CASO 2. Si la salida de la neurona es 0 y debería haber sido 1 ($\mathbf{a} = 0$ y $\mathbf{t} = 1$, y $\mathbf{e} = \mathbf{t} - \mathbf{a} = 1$), el vector de entrada $\mathbf{p}$ se añade al vector de pesos $\mathbf{w}$. Esto hace que el vector de pesos apunte más cerca del vector de entrada, aumentando la probabilidad de que el vector de entrada se clasifique como 1 en el futuro.

CASO 3. Si la salida de la neurona es 1 y debería haber sido 0 ($\mathbf{a} = 1$ y $\mathbf{t} = 0$, y $\mathbf{e} = \mathbf{t} - \mathbf{a} = -1$), el vector de entrada $\mathbf{p}$ se resta del vector de pesos $\mathbf{w}$. Esto hace que el vector de pesos apunte más lejos del vector de entrada, aumentando la probabilidad de que el vector de entrada sea clasificado como un 0 en el futuro.

La regla de aprendizaje del perceptrón puede escribirse más sucintamente en términos del error $\mathbf{e} = \mathbf{t} - \mathbf{a}$ y el cambio que debe hacerse en el vector de pesos Δw:

CASO 1. Si $\mathbf{e} = 0$, entonces haz un cambio Δw igual a 0.

CASO 2. Si $\mathbf{e} = 1$, entonces haz un cambio Δw igual a $\mathbf{p}^T$.

CASO 3. Si $\mathbf{e} = -1$, entonces haz un cambio Δw igual a $-\mathbf{p}^T$.

Los tres casos se pueden escribir con una sola expresión:

$$\Delta\mathbf{w}=(t-\alpha)\mathbf{p}^T=e\mathbf{p}^T$$

Puedes obtener la expresión para los cambios en el sesgo de una neurona observando que el sesgo es simplemente un peso que siempre tiene una entrada de 1:

$$\Delta b=(t-\alpha)(1)=e$$

Para el caso de una capa de neuronas se tiene

$$\Delta\mathbf{W}=(\mathbf{t}-\mathbf{a})(\mathbf{p})^T=\mathbf{e}(\mathbf{p})^T$$

and

$$\Delta\mathbf{b}=(\mathbf{t}-\mathbf{a})=e$$

La regla de aprendizaje del perceptrón puede resumirse como sigue:

$$\mathbf{W}^{new}=\mathbf{W}^{old}+\mathbf{e}\mathbf{p}^T$$

and

$$\mathbf{b}^{new}=\mathbf{b}^{old}+\mathbf{e}$$

where $e = t - a$.

Intente ahora un ejemplo sencillo. Comience con una sola neurona que tenga un vector de entrada con sólo dos elementos.

```
net = perceptron;

net = configure(net,[0;0],0);
```

Para simplificar las cosas, establezca el sesgo igual a 0 y las ponderaciones a 1 y -0,8:

```
net.b{1} = [0];

w = [1 -0.8];

net.IW{1,1} = w;
```

El par objetivo de entrada viene dado por

```
p = [1; 2];

t = [1];
```

Puede calcular la salida y el error con

```
a = net(p)

a =

      0

e = t-a

e =

      1
```

y utilizar la función learnp para encontrar el cambio en los pesos.

```
dw = learnp(w,p,[],[],[],[],e,[],[],[],[],[])

dw =

      1      2
```

Las nuevas ponderaciones, entonces, se obtienen como

```
w = w + dw

w =

     2.0000    1.2000
```

El proceso de encontrar nuevos pesos (y sesgos) puede repetirse hasta que no haya errores. Recordemos que se garantiza que la regla de aprendizaje del perceptrón converge en un número finito de pasos para todos los problemas que puede resolver un perceptrón. Esto incluye todos los problemas de clasificación que son linealmente separables. Los objetos a clasificar en estos casos pueden estar separados por una sola línea.

Quizá quiera probar el ejemplo nnd4pr, que le permite elegir nuevos vectores de entrada y aplicar la regla de aprendizaje para clasificarlos.

4.6 ENTRENAMIENTO (TRAIN)

Si sim y learnp se utilizan repetidamente para presentar entradas a un perceptrón, y para cambiar los pesos y sesgos del perceptrón según el error, el perceptrón acabará encontrando valores de peso y sesgo que resuelvan el problema, siempre que el perceptrón *pueda* resolverlo. Cada recorrido por todos los vectores de entrada y de destino del entrenamiento se denomina.

El tren de funciones lleva a cabo un bucle de cálculo de este tipo. En cada pasada, el tren de funciones procede a través de la secuencia especificada de entradas, calculando la salida, el error y el ajuste de la red para cada vector de entrada en la secuencia a medida que se presentan las entradas.

Tenga en cuenta que entrenar no garantiza que la red resultante haga su trabajo. Debe comprobar los nuevos valores de **W** y **b** calculando la salida de la red para cada vector de entrada para ver si se alcanzan todos los objetivos. Si una red no funciona con éxito, puede entrenarla más llamando a entrenar de nuevo con los nuevos pesos y sesgos para más pases de entrenamiento, o puede analizar el problema para ver si es un problema adecuado para el perceptrón. Los problemas que no pueden ser resueltos por la red perceptrón se discuten en Limitaciones y Precauciones.

Para ilustrar el procedimiento de entrenamiento, trabajemos con un problema sencillo. Consideremos un perceptrón de una neurona con un único vector de entrada de dos elementos:

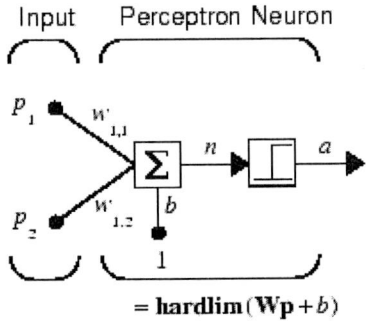

$$= \text{hardlim}(\mathbf{Wp} + b)$$

Esta red, y el problema que vas a considerar, son lo suficientemente simples como para que puedas seguir lo que se hace con cálculos manuales si quieres.

Suponga que tiene el siguiente problema de clasificación y que desea resolverlo con una red de perceptrón de un solo vector de entrada y dos elementos.

$$\left\{ \mathbf{p}_1 = \begin{bmatrix} 2 \\ 2 \end{bmatrix}, t_1 = 0 \right\} \left\{ \mathbf{p}_2 = \begin{bmatrix} 1 \\ -2 \end{bmatrix}, t_2 = 1 \right\} \left\{ \mathbf{p}_3 = \begin{bmatrix} -2 \\ 2 \end{bmatrix}, t_3 = 0 \right\} \left\{ \mathbf{p}_4 = \begin{bmatrix} -1 \\ 1 \end{bmatrix}, t_4 = 1 \right\}$$

Use the initial weights and bias. Denote the variables at each step of this calculation by using a number in parentheses after the variable. Thus, above, the initial values are $\mathbf{W}(0)$ and $b(0)$.

$$\mathbf{W}(0) = \begin{bmatrix} 0 & 0 \end{bmatrix} \quad b(0) = 0$$

Start by calculating the perceptron's output a for the first input vector $\mathbf{p}_1$, using the initial weights and bias.

$$\alpha = hardlim(\mathbf{W}(0)\mathbf{p}_1 + b(0))$$
$$= hardlim\left(\begin{bmatrix} 0 & 0 \end{bmatrix} \begin{bmatrix} 2 \\ 2 \end{bmatrix} + 0 \right) = hardlim(0) = 1$$

The output a does not equal the target value t_1, so use the perceptron rule to find the incremental changes to the weights and biases based on the error.

$$e = t_1 - \alpha = 0 - 1 = -1$$
$$\Delta \mathbf{W} = e\mathbf{p}_1^T = (-1)\begin{bmatrix} 2 & 2 \end{bmatrix} = \begin{bmatrix} -2 & -2 \end{bmatrix}$$
$$\Delta b = e = (-1) = -1$$

You can calculate the new weights and bias using the perceptron update rules.

$$\mathbf{W}^{new} = \mathbf{W}^{old} + e\mathbf{p}^T = \begin{bmatrix} 0 & 0 \end{bmatrix} + \begin{bmatrix} -2 & -2 \end{bmatrix} = \begin{bmatrix} -2 & -2 \end{bmatrix} = \mathbf{W}(1)$$
$$b^{new} = b^{old} + e = 0 + (-1) = -1 = b(1)$$

Now present the next input vector, $\mathbf{p}_2$. The output is calculated below.

$$\alpha = hardlim(\mathbf{W}(1)\mathbf{p}_2 + b(1))$$
$$= hardlim\left(\begin{bmatrix} -2 & -2 \end{bmatrix} \begin{bmatrix} 1 \\ -2 \end{bmatrix} - 1 \right) = hardlim(1) = 1$$

En esta ocasión, el objetivo es 1, por lo que el error es cero. Por lo tanto, no hay cambios en las ponderaciones ni en el sesgo, por lo que

$$\mathbf{W}(2) = \mathbf{W}(1) = [-2\ -2] \text{ and } b(2) = b(1) = -1 \ .$$

Puede continuar de esta manera, presentando $\mathbf{p}_3$ a continuación, calculando una salida y el error, y haciendo cambios en los pesos y el sesgo, etc. Después de hacer una pasada por las cuatro entradas, se obtienen los valores $\mathbf{W}(4) = [-3\ -1]$ y $b(4) = 0$. Para determinar si se obtiene una solución satisfactoria, haga una pasada por todos los vectores de entrada para ver si todos producen los valores deseados. Esto no es cierto para la cuarta entrada, pero el algoritmo sí converge en la sexta presentación de una entrada. Los valores finales son:

$$\mathbf{W}(6) = [-2\ -3] \text{ and } b(6) = 1.$$

Con esto concluye el cálculo manual. Ahora, ¿cómo se puede hacer esto utilizando la función de tren?

El siguiente código define un perceptrón.

```
net = perceptron;
```

Considere la aplicación de una sola entrada
```
p = [2; 2];
```
teniendo el objetivo
```
t = [0];
```

Establezca las épocas en 1, para que el tren pase por los vectores de entrada (sólo uno aquí) sólo una vez.
```
net.trainParam.epochs = 1;

net = train(net,p,t);
```

Las nuevas ponderaciones y el sesgo son

```
w = net.iw{1,1}, b = net.b{1}

w =

    -2      -2

b =

    -1
```

Por lo tanto, los pesos y el sesgo iniciales son 0, y después de entrenar sólo en el primer vector, tienen los valores [-2 -2] y -1, tal y como se calculó a mano.

Ahora aplique el segundo vector de entrada p_2. La salida es 1, como lo será hasta que se cambien los pesos y el sesgo, pero ahora el objetivo es 1, el error será 0, y el cambio será cero. Se podría proceder de esta manera, partiendo del resultado anterior y aplicando un nuevo vector de entrada cada vez. Pero puedes hacer este trabajo automáticamente con train.

Aplique el entrenamiento para una época, una sola pasada por la secuencia de los cuatro vectores de entrada. Comience con la definición de la red.

```
net = perceptron;

net.trainParam.epochs = 1;
```

Los vectores de entrada y los objetivos son

```
p = [[2;2] [1;-2] [-2;2] [-1;1]]
t = [0 1 0 1]
```

Ahora entrena la red con

```
net = train(net,p,t);
```

Las nuevas ponderaciones y el sesgo son

```
w = net.iw{1,1}, b = net.b{1}
w =

    -3     -1
b =

     0
```

Este es el mismo resultado que se obtuvo anteriormente a mano.

Por último, simule la red entrenada para cada una de las entradas.

```
a = net(p)

a =

     0     0     1     1
```

Las salidas aún no son iguales a los objetivos, por lo que es necesario entrenar la red durante más de una pasada. Pruebe con más épocas. Esta ejecución da un rendimiento de error absoluto medio de 0 después de dos épocas:

```
net.trainParam.epochs = 1000;

net = train(net,p,t);
```

Así, la red estaba entrenada en el momento en que se presentaban las entradas en la tercera época. (Como se sabe por el cálculo manual, la red converge en la presentación del sexto vector de entrada. Esto ocurre a mediados de la segunda época, pero se necesita la tercera época para detectar la convergencia de la red). Los pesos y el sesgo finales son:

```
w = net.iw{1,1}, b = net.b{1}

w =

    -2    -3

b =

    1
```

El resultado y los errores simulados para las distintas entradas son

```
a = net(p)

a =

            0           1           0           1

error = a-t

error =

            0           0           0           0
```

Confirme que el procedimiento de entrenamiento es exitoso. La red converge y produce las salidas objetivo correctas para los cuatro vectores de entrada.

La función de entrenamiento por defecto para las redes creadas con perceptrón es trainc. (Puede encontrarla ejecutando net.trainFcn.) Esta función de entrenamiento aplica la regla de aprendizaje del perceptrón en su forma pura, en la que los vectores de entrada individuales se aplican individualmente, en secuencia, y las correcciones de los pesos y el sesgo se realizan después de cada presentación de un vector de entrada. Así, el entrenamiento del perceptrón con train convergerá en un número finito de pasos, a menos que el problema presentado no pueda resolverse con un perceptrón simple.

La función train puede ser utilizada de varias maneras por otras redes también. Escriba help train para leer más sobre esta función básica.

Puede que quiera probar varios programas de ejemplo. Por ejemplo, demop1 ilustra la clasificación y el entrenamiento de un perceptrón simple.

4.7 LIMITACIONES Y PRECAUCIONES

Las redes de perceptrón deben entrenarse con adapt, que presenta los vectores de entrada a la red de uno en uno y hace correcciones a la red basándose en los resultados de cada presentación. El uso de adapt de esta manera garantiza que cualquier problema linealmente separable se resuelva en un número finito de presentaciones de entrenamiento.

Como se ha señalado en las páginas anteriores, los perceptrones también pueden ser entrenados con la función train. Normalmente, cuando se utiliza la función train para los perceptrones, ésta presenta las entradas a la red en lotes, y hace correcciones a la red basándose en la suma de todas las correcciones individuales. Desgraciadamente, no hay pruebas de que ese algoritmo de entrenamiento converja para los perceptrones. Por ello, no se recomienda el uso del entrenamiento para los perceptrones.

Las redes de perceptrón tienen varias limitaciones. En primer lugar, los valores de salida de un perceptrón sólo pueden tomar uno de los dos valores (0 o 1) debido a la función de transferencia de límite duro. En segundo lugar, los perceptrones sólo pueden clasificar conjuntos de vectores linealmente separables. Si se puede trazar una línea recta o un plano para separar los vectores de entrada en sus categorías correctas, los vectores de entrada son linealmente separables. Si los vectores no son linealmente separables, el aprendizaje nunca llegará a un punto en el que todos los vectores se clasifiquen correctamente. Sin embargo, se ha demostrado que, si los vectores son linealmente separables, los perceptrones entrenados de forma adaptativa siempre encontrarán una solución en tiempo finito. Puede que quieras probar demop6. Muestra la dificultad de intentar clasificar vectores de entrada que no son linealmente separables.

Sin embargo, es justo señalar que las redes con más de un perceptrón pueden utilizarse para resolver problemas más difíciles. Por ejemplo, supongamos que tenemos un conjunto de cuatro vectores que queremos clasificar en grupos distintos, y que se pueden trazar dos líneas para separarlos. Se puede encontrar una red de dos neuronas tal que sus dos límites de decisión clasifiquen las entradas en cuatro categorías.

Los valores atípicos y la regla del perceptrón normalizado

Los largos tiempos de entrenamiento pueden deberse a la presencia de un vector de entrada *atípico* cuya longitud es mucho mayor o menor que la de los demás vectores de entrada. La aplicación de la regla de aprendizaje del perceptrón implica sumar y restar vectores de entrada a los pesos y sesgos actuales en respuesta al error. Por lo tanto, un vector de entrada con elementos grandes puede conducir a cambios en los pesos y sesgos que tardan mucho tiempo en ser superados por un vector de entrada mucho más pequeño. Es posible que quieras probar demop4 para ver cómo afecta un valor atípico al entrenamiento.

Cambiando ligeramente la regla de aprendizaje del perceptrón, puede hacer que los tiempos de entrenamiento sean insensibles a vectores de entrada extremadamente grandes o pequeños.

Esta es la regla original para actualizar los pesos:

$$\Delta \mathbf{w} = (t-\alpha)\mathbf{p}^T = e\mathbf{p}^T$$

Como se ha mostrado anteriormente, cuanto más grande sea un vector de entrada $\mathbf{p}$, mayor será su efecto sobre el vector de pesos $\mathbf{w}$. Por lo tanto, si un vector de entrada es mucho más grande que otros vectores de entrada, los vectores de entrada más pequeños deben ser presentados muchas veces para tener un efecto.

La solución es normalizar la regla para que el efecto de cada vector de entrada sobre los pesos sea de la misma magnitud:

$$\Delta \mathbf{w} = (t - \alpha)\,\frac{\mathbf{p}^T}{\|\mathbf{p}\|} = e\,\frac{\mathbf{p}^T}{\|\mathbf{p}\|}$$

La regla del perceptrón normalizado se implementa con la función learnpn, que se llama exactamente igual que learnp. La función de la regla del perceptrón normalizado learnpn tarda un poco más en ejecutarse, pero reduce considerablemente el número de épocas si hay vectores de entrada atípicos. Puedes probar demop5 para ver cómo funciona esta regla de entrenamiento normalizada.

4.8 PERCEPTRON. EJEMPLOS

En el aprendizaje automático, el **perceptrón** es un algoritmo para el aprendizaje supervisado de clasificadores binarios (funciones que pueden decidir si una entrada, representada por un vector de números, pertenece a alguna clase específica o no).[1] Es un tipo de clasificador lineal, es decir, un algoritmo de clasificación que realiza sus predicciones basándose en una función de predicción lineal que combina un conjunto de pesos con el vector de características. El algoritmo permite el aprendizaje en línea, ya que procesa los elementos del conjunto de entrenamiento de uno en uno.

El algoritmo del perceptrón se remonta a finales de la década de 1950; su primera implementación, en hardware personalizado, fue una de las primeras redes neuronales artificiales que se produjeron.

El algoritmo del perceptrón fue inventado en 1957 en el Laboratorio Aeronáutico de Cornell por Frank Rosenblatt, financiado por la Oficina de Investigación Naval de Estados Unidos.[El perceptrón se concibió como una máquina, más que como un programa, y aunque su primera implementación fue en software para el IBM 704, posteriormente se implementó en hardware personalizado como el "perceptrón Mark 1". Esta máquina se diseñó para el reconocimiento de imágenes: tenía una matriz de 400 fotocélulas, conectadas aleatoriamente a las "neuronas". Los pesos se codificaban en potenciómetros, y las actualizaciones de los pesos durante el aprendizaje se realizaban mediante motores eléctricos.

En una conferencia de prensa de 1958 organizada por la Marina de los Estados Unidos, Rosenblatt hizo declaraciones sobre el perceptrón que provocaron una acalorada controversia entre la incipiente comunidad de la IA; basándose en las declaraciones de Rosenblatt, *The New York Times* informó de que el perceptrón era "el embrión de un ordenador electrónico que [la Marina] espera que sea capaz de caminar, hablar, ver, escribir, reproducirse y ser consciente de su existencia".

Aunque el perceptrón parecía inicialmente prometedor, pronto se demostró que los perceptrones no podían entrenarse para reconocer muchas clases de patrones. Esto hizo que el campo de la investigación de las redes neuronales se estancara durante muchos años, antes de que se reconociera que una red neuronal de avance con dos o más capas (también llamada perceptrón multicapa) tenía una capacidad de procesamiento mucho mayor que los perceptrones con una sola capa (también llamados perceptrones de una sola capa). Los perceptrones de una sola capa sólo son capaces de aprender patrones linealmente separables.

En 1969 un famoso libro titulado *Perceptrones* de Marvin Minsky y Seymour Papert demostró que era imposible que estas clases de redes aprendieran una función XOR. A menudo se cree que también conjeturaron (de forma incorrecta) que un resultado similar sería válido para una red de perceptrones multicapa. Sin embargo, esto no es cierto, ya que tanto Minsky como Papert ya sabían que los perceptrones multicapa eran capaces de producir una función XOR. (Para más información, véase la página sobre *Perceptrones (libro)*). Tres años después, Stephen Grossberg publicó una serie de artículos en los que presentaba redes capaces de modelar funciones diferenciales, de contraste y XOR. (Los trabajos se publicaron en 1972 y 1973, véase, por ejemplo, *Grossberg (1973). "Contour enhancement, short-term memory, and constancies in reverberating neural networks" (PDF). Studies in Applied Mathematics. 52: 213-257.*). No obstante, el texto de Minsky/Papert, a menudo citado, provocó un importante descenso del interés y la financiación de la investigación en redes neuronales. Tuvieron que pasar diez años más hasta que la investigación sobre redes neuronales experimentó un resurgimiento en la década de 1980. Este texto se reimprimió en 1987 como "Perceptrons - Expanded Edition", donde se muestran y corrigen algunos errores del texto original.

El algoritmo de perceptrón de núcleo ya fue introducido en 1964 por Aizerman et al. Se dieron garantías de límites de margen para el algoritmo de perceptrón en el caso general no separable primero por Freund y Schapire (1998), y más recientemente por Mohri y Rostamizadeh (2013), que amplían los resultados anteriores y dan nuevos límites L1.

El perceptrón es un clasificador lineal, por lo que nunca llegará al estado con todos los vectores de entrada clasificados correctamente si el conjunto de entrenamiento D no es linealmente separable, es decir, si los ejemplos positivos no pueden ser separados de los negativos por un hiperplano. En este caso, el algoritmo de aprendizaje estándar no se acercará gradualmente a una solución "aproximada", sino que el aprendizaje fracasará por completo. Por lo tanto, si no se conoce a priori la separabilidad lineal del conjunto de entrenamiento, debe utilizarse una de las variantes de entrenamiento que se indican a continuación.

Pero si el conjunto de entrenamiento *es* linealmente separable, entonces se garantiza que el perceptrón converge, y hay un límite superior en el número de veces que el perceptrón ajustará sus pesos durante el entrenamiento.

Aunque se garantiza que el algoritmo del perceptrón converge en *alguna* solución en el caso de un conjunto de entrenamiento linealmente separable, puede elegir *cualquier* solución y los problemas pueden admitir muchas soluciones de calidad variable. El perceptrón *de estabilidad óptima*, hoy más conocido como máquina de vectores de soporte lineal, fue diseñado para resolver este problema.

4.8.1 Clasificación con un perceptrón de 2 entradas

Se entrena una neurona de límite duro de 2 entradas para clasificar 5 vectores de entrada en dos categorías.

Cada uno de los cinco vectores columna de X define un vector de entrada de 2 elementos y un vector fila T define las categorías de destino del vector. Podemos trazar estos vectores con PLOTPV.

```
X = [ -0.5 -0.5 +0.3 -0.1;  ...
        -0.5 +0.5 -0.5 +1.0];
T = [1 1 0 0];
plotpv(X,T);
```

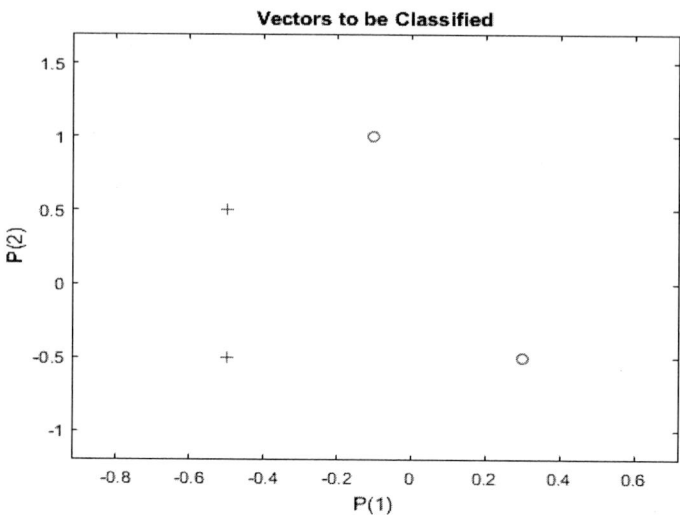

El perceptrón debe clasificar correctamente los 5 vectores de entrada en X en las dos categorías definidas por T. Los perceptrones tienen neuronas HARDLIM. Estas neuronas son capaces de separar un espacio de entrada con una línea recta en dos categorías (0 y 1).

Aquí PERCEPTRON crea una nueva red neuronal con una sola neurona. A continuación, la red se configura con los datos, por lo que podemos examinar sus valores iniciales de peso y sesgo. (Normalmente el paso de configuración puede saltarse, ya que lo hace automáticamente ADAPT o TRAIN).

```
net = perceptron;
net = configure(net,X,T);
```

Los vectores de entrada se replantean con el intento inicial de clasificación de la neurona.

Los pesos iniciales están a cero, por lo que cualquier entrada da la misma salida y la línea de clasificación ni siquiera aparece en el gráfico. No temas... ¡vamos a entrenarlo!

```
plotpv(X,T);
plotpc(net.IW{1},net.b{1});
```

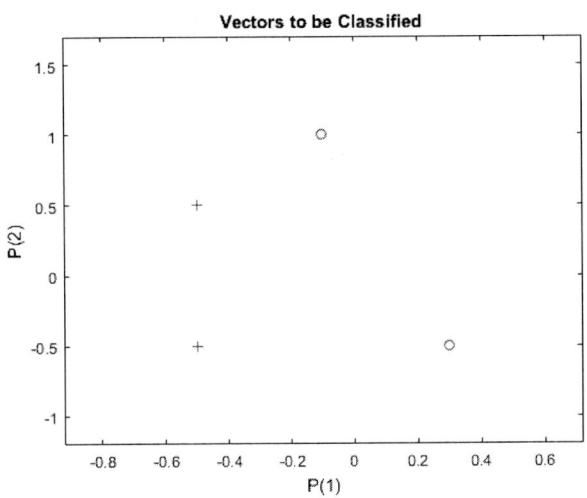

Aquí los datos de entrada y de destino se convierten en datos secuenciales (matriz de celdas donde cada columna indica un paso de tiempo) y se copian tres veces para formar las series XX y TT.

ADAPT actualiza la red para cada paso de tiempo en la serie y devuelve un nuevo objeto de red que funciona como un mejor clasificador.

```
XX = repmat(con2seq(X),1,3);
TT = repmat(con2seq(T),1,3);
net = adapt(net,XX,TT);
plotpc(net.IW{1},net.b{1});
```

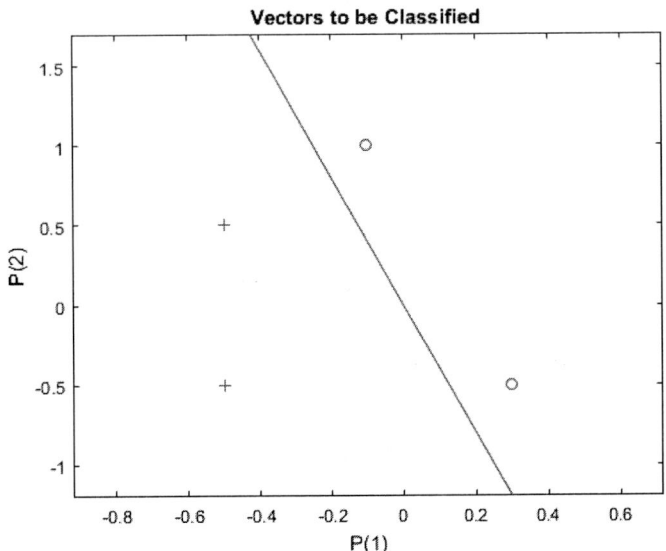

Ahora la SIM se utiliza para clasificar cualquier otro vector de entrada, como [0,7; 1,2]. Un gráfico de este nuevo punto con el conjunto de entrenamiento original muestra el rendimiento de la red. Para distinguirlo del conjunto de entrenamiento, lo coloreamos en rojo (gris en el gráfico).

```
x = [0.7; 1.2];
y = net(x);
plotpv(x,y);
point = findobj(gca,'type','line');
point.Color = 'red';
```

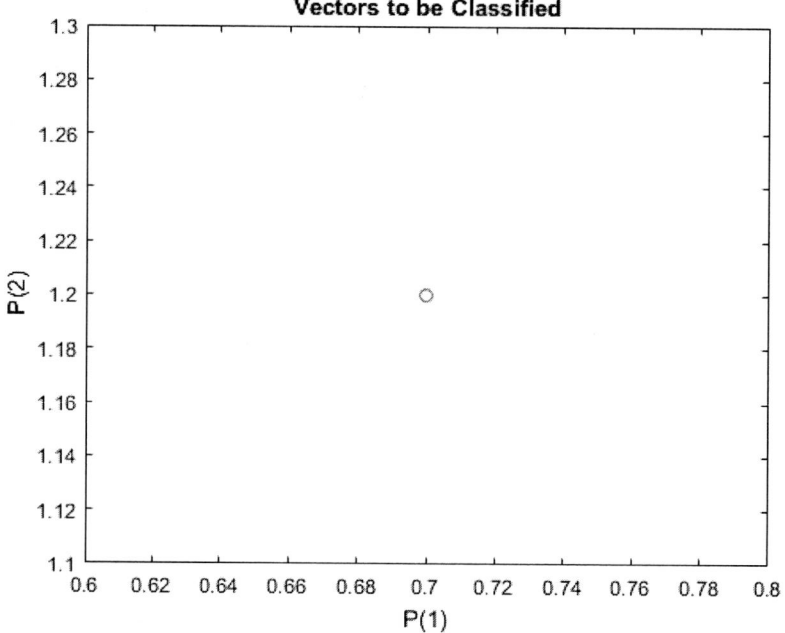

Activa la función "hold" para que no se borre el gráfico anterior y traza el conjunto de entrenamiento y la línea de clasificación.

El perceptrón ha clasificado correctamente nuestro nuevo punto (en rojo, gris oscuro en el gráfico) como categoría "cero" (representado por un círculo) y no como "uno" (representado por un signo positivo).

```
hold on;
plotpv(X,T);
plotpc(net.IW{1},net.b{1});
hold off;
```

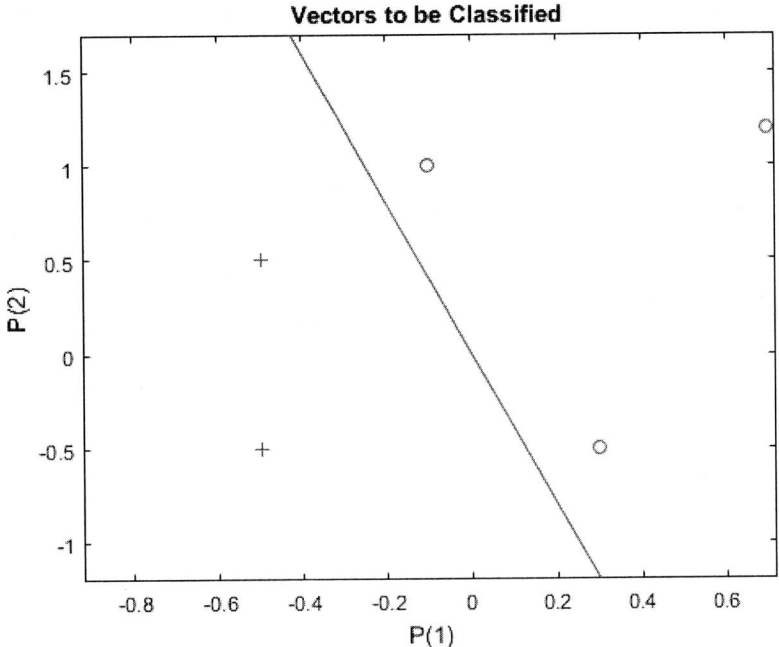

4.8.2 Vectores de entrada de valores atípicos

Una neurona de límite duro de 2 entradas se entrena para clasificar 5 vectores de entrada en dos categorías. Sin embargo, como 1 vector de entrada es mucho mayor que todos los demás, el entrenamiento lleva mucho tiempo.

Cada uno de los cinco vectores columna en X define un vector de entrada de 2 elementos, y un vector fila T define las categorías de destino del vector. Trace estos vectores con PLOTPV.

```
X = [-0.5 -0.5 +0.3 -0.1 -40; -0.5 +0.5 -0.5 +1.0 50];
T = [1 1 0 0 1];
plotpv(X,T);
```

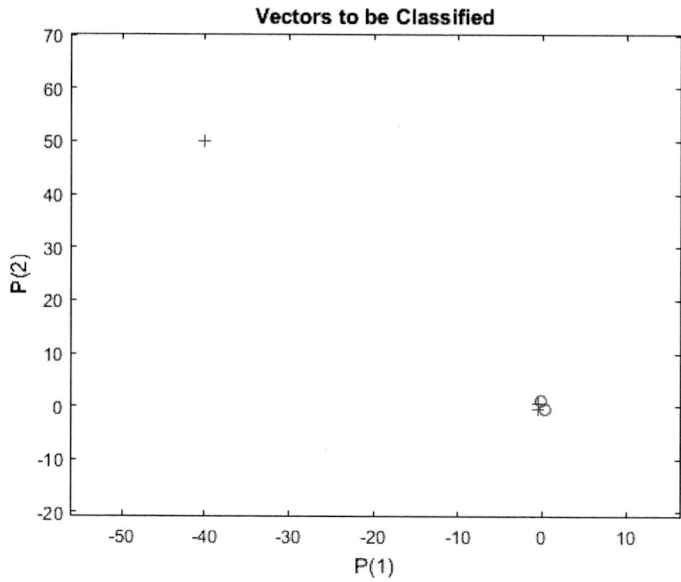

Obsérvese que 4 vectores de entrada tienen magnitudes mucho menores que el quinto vector en la parte superior izquierda del gráfico. El perceptrón debe clasificar correctamente los 5 vectores de entrada en X en las dos categorías definidas por T.

PERCEPTRON crea una nueva red que se configura con los datos de entrada y de destino, lo que da lugar a los valores iniciales de sus pesos y su sesgo. (La configuración no suele ser necesaria, ya que la realizan automáticamente ADAPT y TRAIN).

```
net = perceptron;
net = configure(net,X,T);
```

Añade al gráfico el intento inicial de clasificación de la neurona.

Los pesos iniciales están a cero, por lo que cualquier entrada da la misma salida y la línea de clasificación ni siquiera aparece en el gráfico. No temas... ¡vamos a entrenarlo!

```
hold on
linehandle = plotpc(net.IW{1},net.b{1});
```

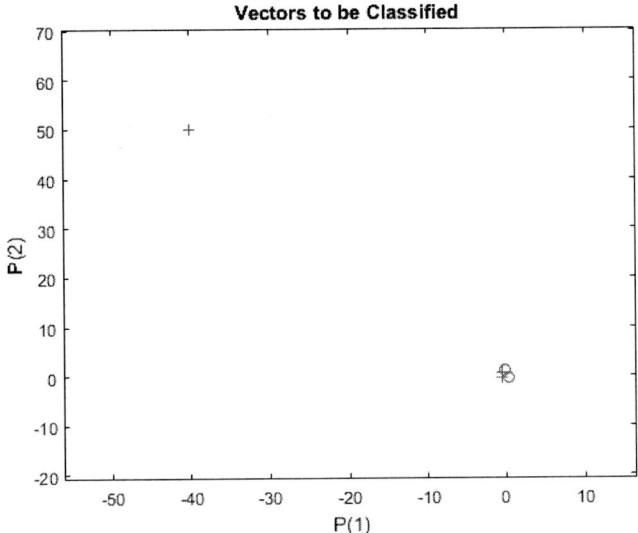

ADAPT devuelve un nuevo objeto de red que funciona como un mejor clasificador, la salida de la red y el error. Este bucle adapta la red y traza la línea de clasificación, hasta que el error sea cero.

```
E = 1;
while (sse(E))
    [net,Y,E] = adapt(net,X,T);
    linehandle = plotpc(net.IW{1},net.b{1},linehandle);
    drawnow;
end
```

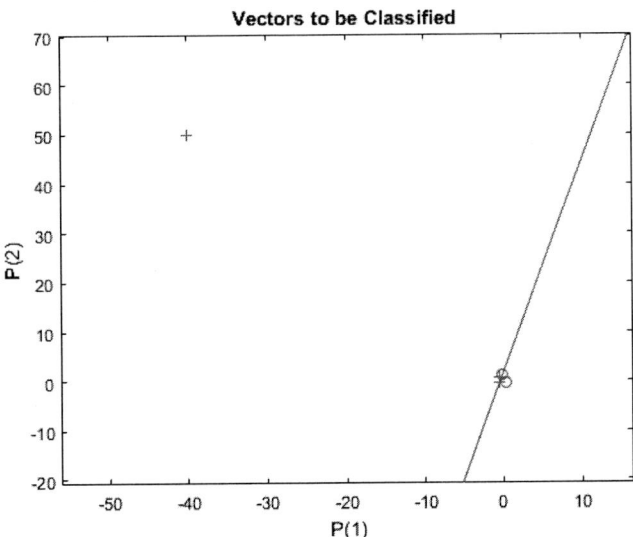

Obsérvese que el perceptrón tardó tres pases en acertar. Es mucho tiempo para un problema tan sencillo. La razón del largo tiempo de entrenamiento es el vector de valores atípicos. A pesar del largo tiempo de entrenamiento, el perceptrón sigue aprendiendo correctamente y puede utilizarse para clasificar otras entradas.

Ahora la SIM puede utilizarse para clasificar cualquier otro vector de entrada. Por ejemplo, clasificar un vector de entrada de [0,7; 1,2].

Un gráfico de este nuevo punto con el conjunto de entrenamiento original muestra el rendimiento de la red. Para distinguirlo del conjunto de entrenamiento, lo coloreamos en rojo (gris en el gráfico).

```
x = [0.7; 1.2];
y = net(x);
plotpv(x,y);
circle = findobj(gca,'type','line');
circle.Color = 'red';
```

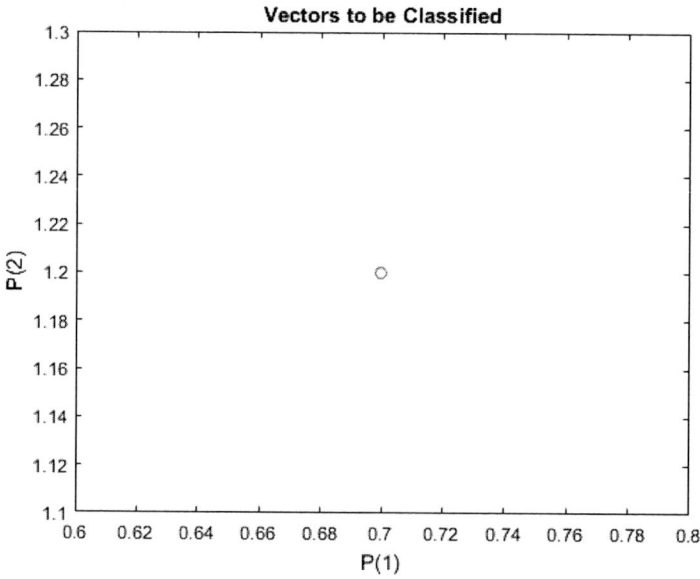

Activa la opción "hold" para que no se borre el gráfico anterior. Añade el conjunto de entrenamiento y la línea de clasificación al gráfico.

```
hold on;
plotpv(X,T);
plotpc(net.IW{1},net.b{1});
hold off;
```

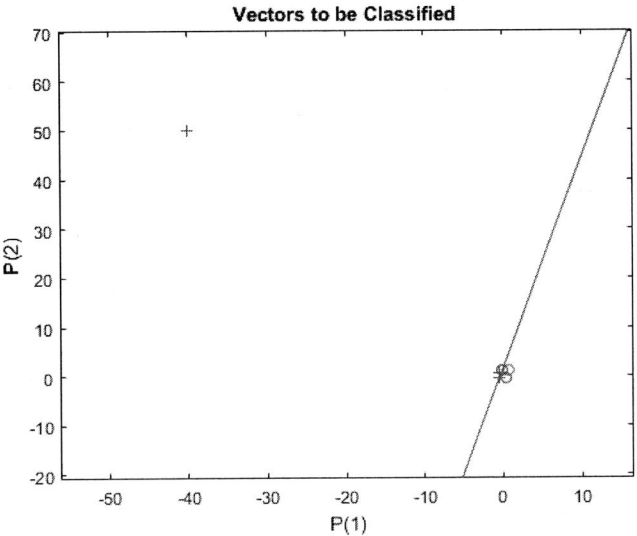

Por último, haz zoom en la zona de interés.

El perceptrón ha clasificado correctamente nuestro nuevo punto (en rojo) como categoría "cero" (representado por un círculo) y no como "uno" (representado por un signo positivo). A pesar del largo tiempo de entrenamiento, el perceptrón sigue aprendiendo correctamente. Para ver cómo reducir los tiempos de entrenamiento asociados a los vectores atípicos, consulte el ejemplo "Regla del perceptrón normalizado".

```
axis([-2 2 -2 2]);
```

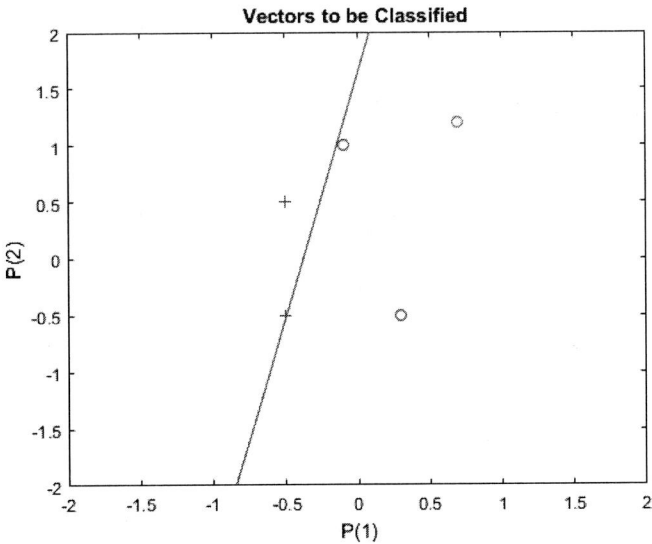

4.8.3 Regla del Perceptrón Normalizado

Se entrena una neurona de límite duro de 2 entradas para clasificar 5 vectores de entrada en dos categorías. A pesar de que un vector de entrada es mucho mayor que los demás, el entrenamiento con LEARNPN es rápido.

Cada uno de los cinco vectores columna de X define un vector de entrada de 2 elementos, y un vector fila T define las categorías de destino del vector. Trace estos vectores con PLOTPV.

```
X = [ -0.5 -0.5 +0.3 -0.1 -40; ...
       -0.5 +0.5 -0.5 +1.0 50];
T = [1 1 0 0 1];
plotpv(X,T);
```

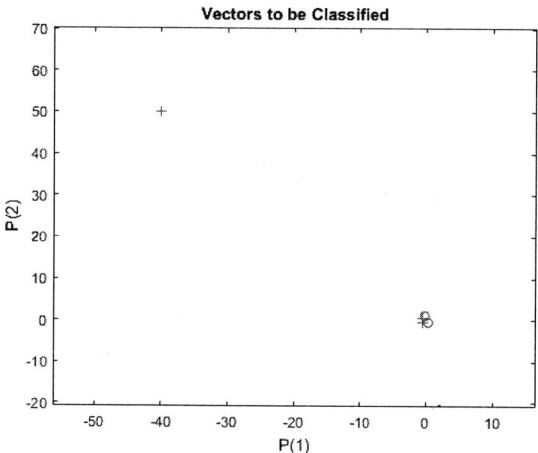

Obsérvese que 4 vectores de entrada tienen magnitudes mucho menores que el quinto vector en la parte superior izquierda del gráfico. El perceptrón debe clasificar correctamente los 5 vectores de entrada en X en las dos categorías definidas por T.

PERCEPTRON crea una nueva red con la regla de aprendizaje LEARPN, que es menos sensible a grandes variaciones en el tamaño del vector de entrada que LEARNP (la predeterminada).

A continuación, se configura la red con los datos de entrada y de destino, lo que da lugar a los valores iniciales de sus pesos y su sesgo. (La configuración no suele ser necesaria, ya que la realizan automáticamente ADAPT y TRAIN).

```
net = perceptron('hardlim','learnpn');
net = configure(net,X,T);
```

Añade al gráfico el intento inicial de clasificación de la neurona.

Los pesos iniciales están a cero, por lo que cualquier entrada da la misma salida y la línea de clasificación ni siquiera aparece en el gráfico. No temas... ¡vamos a entrenarlo!

```
hold on
linehandle = plotpc(net.IW{1},net.b{1});
```

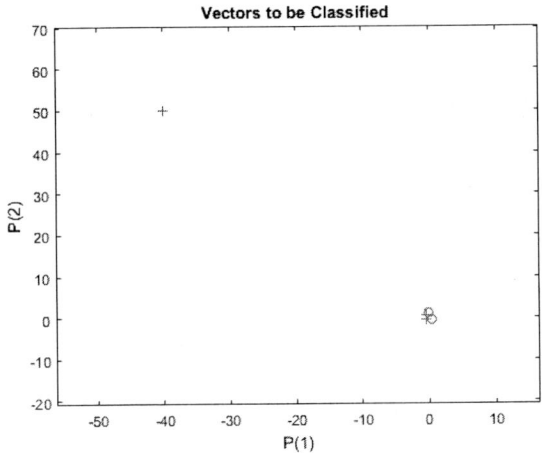

ADAPT devuelve un nuevo objeto de red que funciona como un mejor clasificador, la salida de la red y el error. Este bucle permite que la red se adapte, traza la línea de clasificación y continúa hasta que el error sea cero.

```
E = 1;
while (sse(E))
    [net,Y,E] = adapt(net,X,T);
    linehandle = plotpc(net.IW{1},net.b{1},linehandle);
    drawnow;
end
```

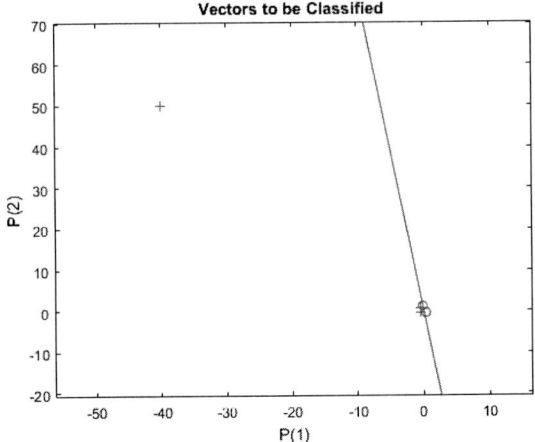

Obsérvese que el entrenamiento con LEARNP sólo requirió 3 épocas, mientras que la resolución del mismo problema con LEARNPN requirió 32 épocas. Por lo tanto, LEARNPN hace un trabajo mucho mejor que LEARNP cuando hay grandes variaciones en el tamaño del vector de entrada.

Ahora la SIM puede utilizarse para clasificar cualquier otro vector de entrada. Por ejemplo, clasificar un vector de entrada de [0,7; 1,2].

Un gráfico de este nuevo punto con el conjunto de entrenamiento original muestra el rendimiento de la red. Para distinguirlo del conjunto de entrenamiento, lo coloreamos en rojo (gris en el gráfico).

```
x = [0.7; 1.2];
y = net(x);
plotpv(x,y);
circle = findobj(gca,'type','line');
circle.Color = 'red';
```

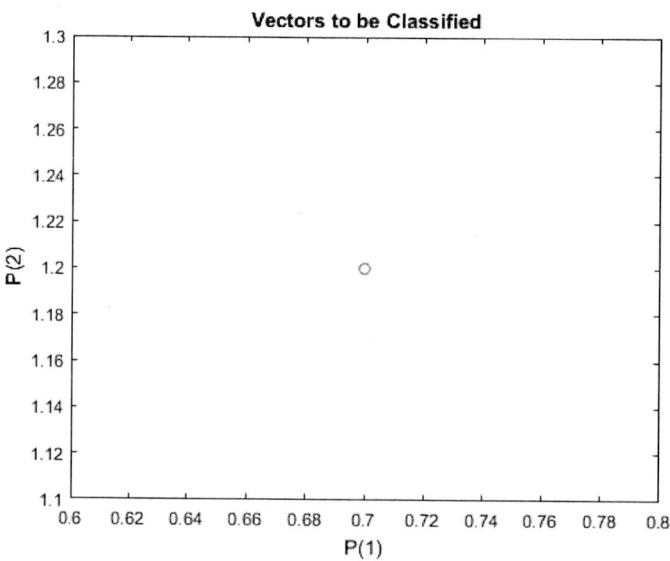

Activa la opción "hold" para que no se borre el gráfico anterior. Añade el conjunto de entrenamiento y la línea de clasificación al gráfico.

```
hold on;
plotpv(X,T);
plotpc(net.IW{1},net.b{1});
hold off;
```

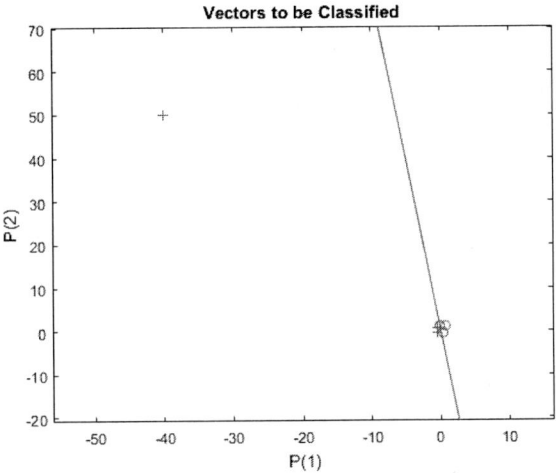

Por último, haz zoom en la zona de interés.

El perceptrón ha clasificado correctamente nuestro nuevo punto (en rojo, en gris claro en el gráfico) como categoría "cero" (representado por un círculo) y no como "uno" (representado por un signo positivo). El perceptrón aprende correctamente en mucho menos tiempo a pesar del valor atípico (compárese con el ejemplo de "Vectores de entrada atípicos").

```
axis([-2 2 -2 2]);
```

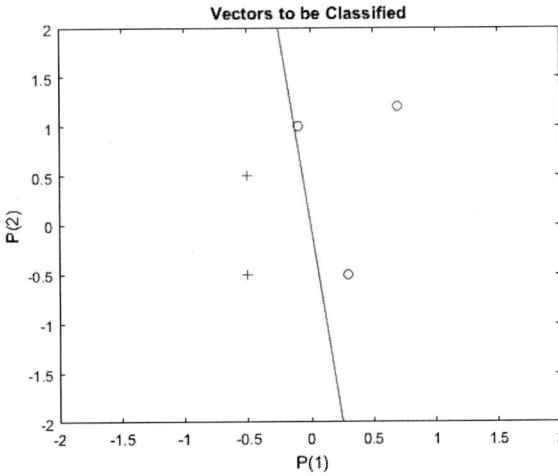

4.8.4 Vectores linealmente no separables

Una neurona de límite duro de 2 entradas no consigue clasificar correctamente 5 vectores de entrada porque son linealmente no separables.

Cada uno de los cinco vectores columna de X define un vector de entrada de 2 elementos, y un vector fila T define las categorías de destino del vector. Trace estos vectores con PLOTPV.

```
X = [ -0.5 -0.5 +0.3 -0.1 -0.8; ...
      -0.5 +0.5 -0.5 +1.0 +0.0 ];
T = [1 1 0 0 0];
plotpv(X,T);
```

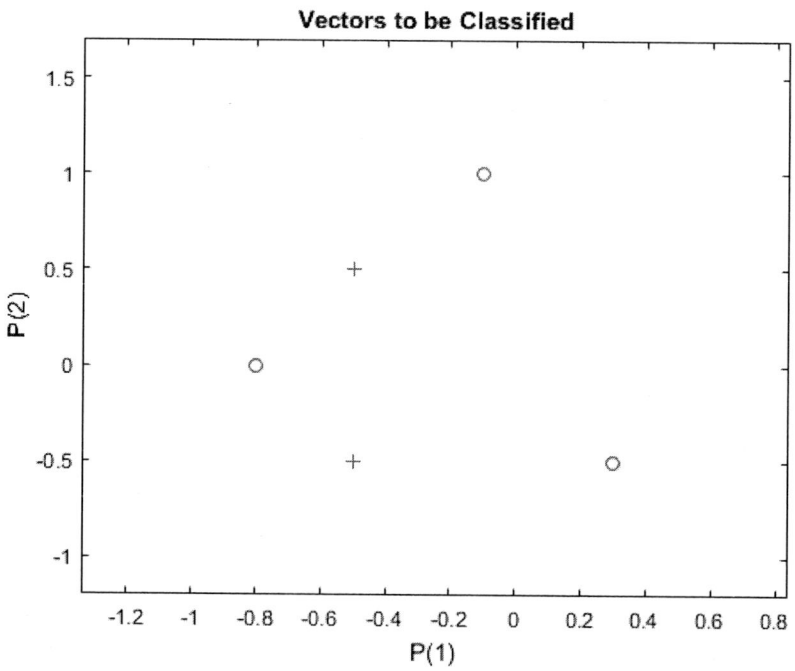

El perceptrón debe clasificar correctamente los vectores de entrada en X en las categorías definidas por T. Dado que los dos tipos de vectores de entrada no pueden ser separados por una línea recta, el perceptrón no podrá hacerlo.

Aquí se crea y configura el perceptrón inicial. (El paso de configuración es normalmente opcional, ya que es realizado automáticamente por ADAPT y TRAIN).

```
net = perceptron;
net = configure(net,X,T);
```

Añade el intento inicial de clasificación de la neurona al gráfico. Los pesos iniciales están ajustados a cero, por lo que cualquier entrada da la misma salida y la línea de clasificación ni siquiera aparece en el gráfico.

```
hold on
plotpv(X,T);
linehandle = plotpc(net.IW{1},net.b{1});
```

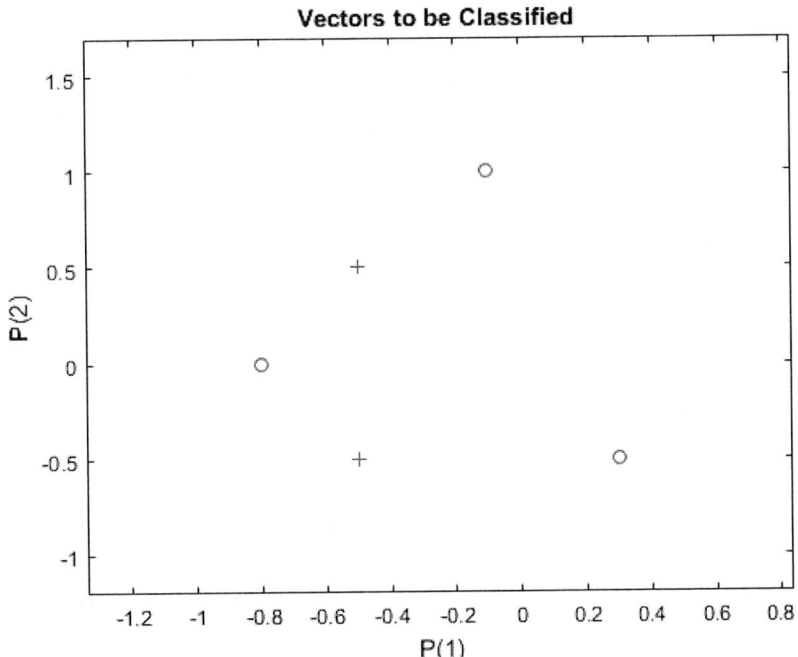

ADAPT devuelve una nueva red después de aprender sobre los datos de entrada y de destino, las salidas y el error. El bucle permite que la red se adapte repetidamente, traza la línea de clasificación y se detiene después de 25 iteraciones.

```
for a = 1:25
    [net,Y,E] = adapt(net,X,T);
    linehandle = plotpc(net.IW{1},net.b{1},linehandle);  drawnow;
end;
```

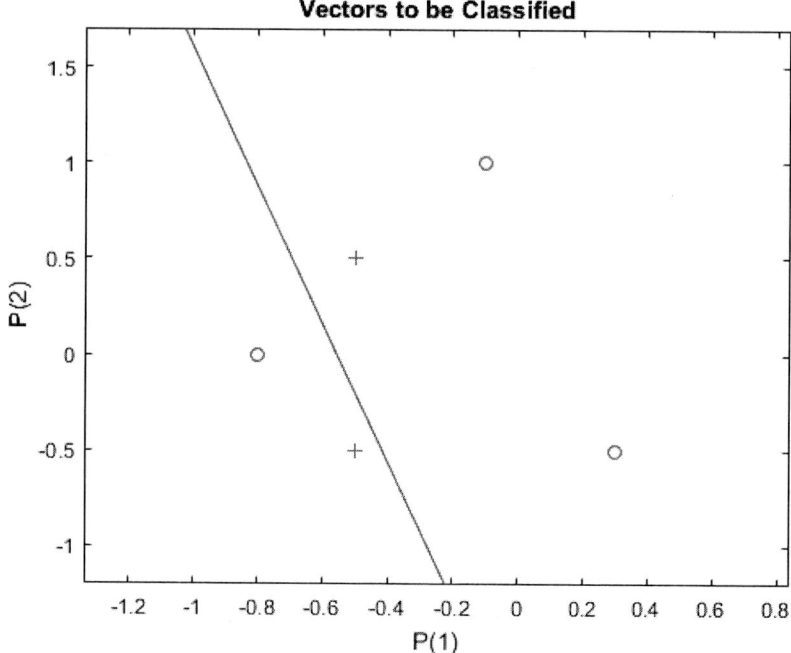

Obsérvese que nunca se ha obtenido un error cero. A pesar del entrenamiento, el perceptrón no se ha convertido en un clasificador aceptable. La limitación fundamental de los perceptrones es que sólo pueden clasificar datos linealmente separables.

Capítulo 5

HERRAMIENTAS DE APRENDIZAJE PROFUNDO.

ARQUITECTURA DE REDES NEURONALES:

REDES NEURALES DE BASE RADIAL

5.1 RED DE FUNCIONES DE BASE RADIAL

En el campo de la modelización matemática, una **red de funciones de base radial** es una red neuronal artificial que utiliza funciones de base radial como funciones de activación. La salida de la red es una combinación lineal de las funciones de base radial de las entradas y los parámetros de las neuronas. Las redes de funciones de base radial tienen muchos usos, como la aproximación de funciones, la predicción de series temporales, la clasificación y el control de sistemas. Fueron formuladas por primera vez en 1988 por Broomhead y Lowe, ambos investigadores del Royal Signals and Radar Establishment.

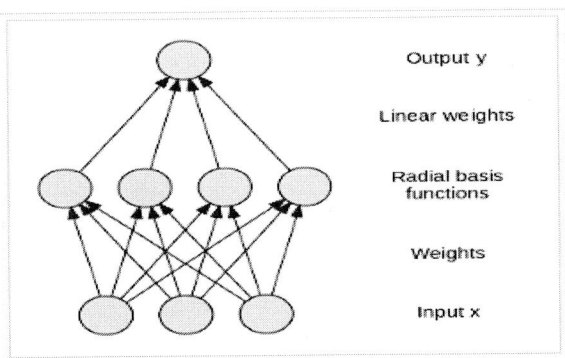

Architecture of a radial basis function network. An input vector x is used as input to all radial basis functions, each with different parameters. The output of the network is a linear combination of the outputs from radial basis functions.

Las redes RBF suelen entrenarse mediante un algoritmo de dos pasos. En el primer paso, se eligen los vectores centrales ᵢ de las funciones RBF en la capa oculta. Este paso puede realizarse de varias maneras; los centros pueden ser muestreados aleatoriamente a partir de algún conjunto de ejemplos, o pueden determinarse utilizando la agrupación de k-means. Tenga en cuenta que este paso no está supervisado. Se puede realizar un tercer paso de retropropagación para ajustar todos los parámetros de la red RBF

Si el objetivo no es realizar una interpolación estricta, sino una aproximación o clasificación de funciones más general, la optimización es algo más compleja porque no hay una elección obvia de los centros. El entrenamiento suele realizarse en dos fases, primero fijando la anchura y los centros y luego los pesos. Esto puede justificarse considerando la diferente naturaleza de las neuronas ocultas no lineales frente a la neurona de salida lineal.

5.2 MODELO NEURONAL

Aquí hay una red de base radial con entradas R.

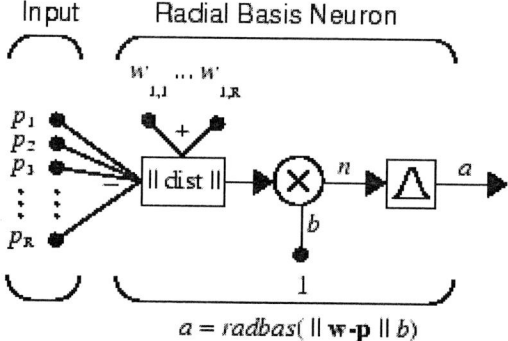

$$a = radbas(\| \mathbf{w\text{-}p} \| \, b)$$

Obsérvese que la expresión para la entrada neta de una neurona radbas es diferente a la de otras neuronas. Aquí la entrada neta a la función de transferencia de la radbas es el vector distancia entre su vector de pesos $\mathbf{w}$ y el vector de entrada $\mathbf{p}$, multiplicado por el sesgo b. (La casilla $\|$ dist $\|$ de esta figura acepta el vector de entrada $\mathbf{p}$ y la matriz de pesos de entrada de una sola fila, y produce el producto punto de los dos).

La función de transferencia para una neurona de base radial es

$$radbas(n) = e^{-n^2}$$

Aquí hay un gráfico de la función de transferencia de radbas.

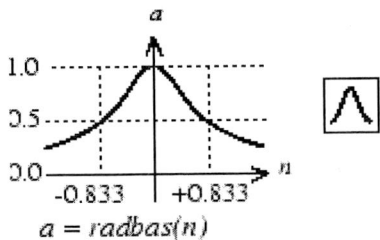

$$a = radbas(n)$$

Radial Basis Function

La función de base radial tiene un máximo de 1 cuando su entrada es 0. A medida que la distancia entre **w** y **p** disminuye, la salida aumenta. Así, una neurona de base radial actúa como un detector que produce 1 siempre que la entrada **p** es idéntica a su vector de pesos **w**.

El sesgo b permite ajustar la sensibilidad de la neurona radbas. Por ejemplo, si una neurona tuviera un sesgo de 0,1, emitiría 0,5 para cualquier vector de entrada **p a una** distancia vectorial de 8,326 (0,8326/b) de su vector de pesos **w**.

5.3 ARQUITECTURA DE LA RED

Las redes de base radial constan de dos capas: una capa oculta de base radial de S^1 neuronas, y una capa lineal de salida de S^2 neuronas.

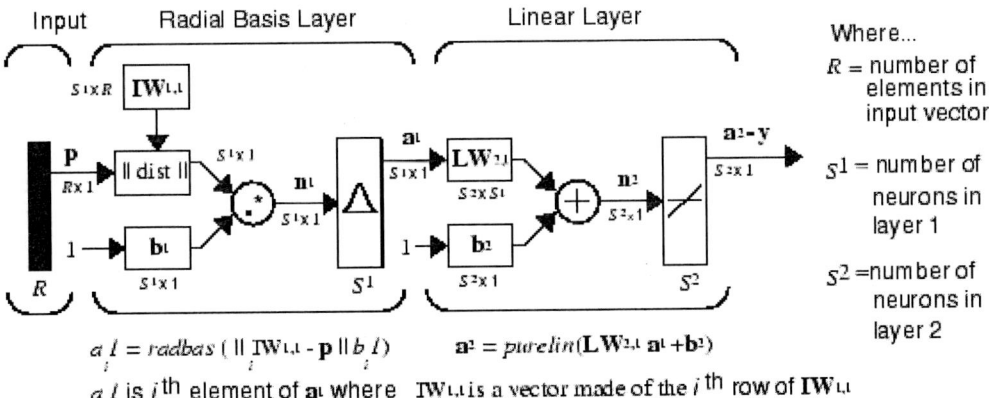

La casilla $\| \text{dist} \|$ de esta figura acepta el vector de entrada **p** y la matriz de pesos de entrada $\mathbf{IW}^{1,1}$, y produce un vector que tiene S_1 elementos. Los elementos son las distancias entre el vector de entrada y los vectores $_i$ $\mathbf{IW}^{1,1}$ formados a partir de las filas de la matriz de pesos de entrada.

El vector de sesgo $\mathbf{b}^1$ y la salida de $\| \text{dist} \|$ se combinan con la operación .* de MATLAB®, que realiza la multiplicación elemento a elemento.

La salida de la primera capa para una red feedforward se puede obtener con el siguiente código:

```
a{1} = radbas(netprod(dist(net.IW{1,1},p),net.b{1}))
```

Afortunadamente, no tendrás que escribir esas líneas de código. Todos los detalles del diseño de esta red están incorporados en las funciones de diseño newrbe y newrb, y puedes obtener sus salidas con sim.

Puede entender cómo se comporta esta red siguiendo un vector de entrada **p** a través de la red hasta la salida $\mathbf{a}^2$. Si presenta un vector de entrada a una red de este tipo, cada neurona de la capa de base radial emitirá un valor según lo cerca que esté el vector de entrada del vector de pesos de cada neurona.

Así, las neuronas de base radial con vectores de peso bastante diferentes del vector de entrada **p** tienen salidas cercanas a cero. Estas pequeñas salidas sólo tienen un efecto insignificante en las neuronas de salida lineal.

Por el contrario, una neurona de base radial con un vector de pesos cercano al vector de entrada **p produce** un valor cercano a 1. Si una neurona tiene una salida de 1, sus pesos de salida en la segunda capa pasan sus valores a las neuronas lineales de la segunda capa.

De hecho, si sólo una neurona de base radial tuviera una salida de 1, y todas las demás tuvieran salidas de 0 (o muy cercanas a 0), la salida de la capa lineal serían los pesos de salida de la neurona activa. Sin embargo, este sería un caso extremo. Lo normal es que varias neuronas estén siempre disparando, en distintos grados.

Ahora veamos en detalle cómo funciona la primera capa. La entrada ponderada de cada neurona es la distancia entre el vector de entrada y su vector de pesos, calculada con dist. La entrada neta de cada neurona es el producto elemento por elemento de su entrada ponderada con su sesgo, calculado con netprod. La salida de cada neurona es su entrada neta pasada por radbas. Si el vector de pesos de una neurona es igual al vector de entrada (transpuesto), su entrada ponderada es 0, su entrada neta es 0, y su salida es 1. Si el vector de pesos de una neurona está a una distancia de dispersión del vector de entrada, su entrada ponderada es dispersión, su entrada neta es sqrt(-log(.5)) (o 0,8326), por lo que su salida es 0,5.

5.4 DISEÑO EXACTO (NEWRBE)

Puede diseñar redes de base radial con la función newrbe. Esta función puede producir una red con error cero en los vectores de entrenamiento. Se llama de la siguiente manera:

```
net = newrbe(P,T,SPREAD)
```

La función newrbe toma matrices de vectores de entrada P y vectores objetivo T, y una constante de dispersión para la capa de base radial, y devuelve una red con pesos y sesgos tales que las salidas son exactamente T cuando las entradas son P.

Esta función newrbe crea tantas neuronas radbas como vectores de entrada haya en P, y establece los pesos de la primera capa en P'. Así, hay una capa de neuronas radbas en la que cada neurona actúa como un detector para un vector de entrada diferente. Si hay *Q vectores de entrada*, habrá *Q neuronas*.

Cada sesgo en la primera capa se fija en 0,8326/SPREAD. Esto da funciones de base radial que cruzan 0,5 en entradas ponderadas de +/- SPREAD. Esto determina la anchura de un área en el espacio de entrada al que responde cada neurona. Si SPREAD es 4, entonces cada neurona radbas responderá con 0,5 o más a cualquier vector de entrada dentro de una distancia vectorial de 4 de su vector de peso. SPREAD debe ser lo suficientemente grande como para que las neuronas respondan fuertemente a regiones superpuestas del espacio de entrada.

Los pesos de la segunda capa $IW^{2,1}$ (o en código, IW{2,1}) y los sesgos b^2 (o en código, b{2}) se encuentran simulando las salidas de la primera capa a^1 (A{1}), y luego resolviendo la siguiente expresión lineal:

```
[W{2,1} b{2}] * [A{1}; ones(1,Q)] = T
```

Usted conoce las entradas de la segunda capa (A{1}) y el objetivo (T), y la capa es lineal. Puedes utilizar el siguiente código para calcular los pesos y los sesgos de la segunda capa para minimizar el error de la suma cuadrada.

```
Wb = T/[A{1}; ones(1,Q)]
```

Aquí Wb contiene tanto las ponderaciones como los sesgos, con los sesgos en la última columna. El error de la suma cuadrada es siempre 0, como se explica a continuación.

Hay un problema con *C restricciones* (pares de entrada/objetivo) y cada neurona tiene $C+1$ variables (los pesos *C* de las neuronas Cradbas, y un sesgo). Un problema lineal con *C restricciones* y más de *C variables* tiene un número infinito de soluciones de error cero.

Así, newrbe crea una red con error cero en los vectores de entrenamiento. La única condición requerida es asegurarse de que SPREAD es lo suficientemente grande como para que las regiones de entrada activas de las neuronas radbas se solapen lo suficiente como para que varias radbasneuronas tengan siempre salidas bastante grandes en cualquier momento. Esto hace que la función de la red sea más suave y resulta en una mejor generalización para los nuevos vectores de entrada que se producen entre los vectores de entrada utilizados en el diseño. (Sin embargo, SPREAD no debe ser tan grande como para que cada neurona responda efectivamente en la misma área grande del espacio de entrada).

El inconveniente de newrbe es que produce una red con tantas neuronas ocultas como vectores de entrada haya. Por esta razón, newrbe no devuelve una solución aceptable cuando se necesitan muchos vectores de entrada para definir correctamente una red, como suele ser el caso.

5.5 DISEÑO MÁS EFICIENTE (NEWRB)

La función newrb crea iterativamente una red de base radial, una neurona cada vez. Las neuronas se añaden a la red hasta que el error de la suma cuadrada cae por debajo de un objetivo de error o se ha alcanzado un número máximo de neuronas. La llamada a esta función es

```
net = newrb(P,T,GOAL,SPREAD)
```

La función newrb toma matrices de vectores de entrada y de destino P y T, y parámetros de diseño GOAL y SPREAD, y devuelve la red deseada.

El método de diseño de newrb es similar al de newrbe. La diferencia es que newrb crea las neuronas de una en una. En cada iteración se utiliza el vector de entrada que más reduce el error de la red para crear una neurona radbas. El error de la nueva red se comprueba, y si es lo suficientemente bajo newrb termina. En caso contrario, se añade la siguiente neurona. Este procedimiento se repite hasta que se cumpla el objetivo de error o se alcance el número máximo de neuronas.

Al igual que con newrbe, es importante que el parámetro de dispersión sea lo suficientemente grande como para que las neuronas radbas respondan a regiones superpuestas del espacio de entrada, pero no tan grande como para que todas las neuronas respondan esencialmente de la misma manera.

¿Por qué no utilizar siempre una red de base radial en lugar de una red estándar de avance? Las redes de base radial, incluso cuando se diseñan eficazmente con newrbe, suelen tener muchas más neuronas que una red feedforward comparable con neuronas tansig o logsig en la capa oculta.

Esto se debe a que las neuronas sigmoides pueden tener salidas en una gran región del espacio de entrada, mientras que las neuronas radbas sólo responden a regiones relativamente pequeñas del espacio de entrada. El resultado es que cuanto mayor sea el espacio de entrada (en términos de número de entradas y de los rangos en los que varían esas entradas), más neuronas radbas se necesitarán.

Por otro lado, el diseño de una red de base radial suele llevar mucho menos tiempo que el entrenamiento de una red sigmoide/lineal, y a veces puede dar lugar a que se utilicen menos neuronas, como se puede ver en el siguiente ejemplo.

5.6 EJEMPLOS DE BASE RADIAL

5.6.1 Aproximación de base radial

Este ejemplo utiliza la función NEWRB para crear una red de base radial que aproxima una función definida por un conjunto de puntos de datos.
Definir 21 entradas P y objetivos asociados T.

```
X = -1:.1:1;
T = [-.9602 -.5770 -.0729  .3771  .6405  .6600  .4609 ...
       .1336 -.2013 -.4344 -.5000 -.3930 -.1647  .0988 ...
       .3072  .3960  .3449  .1816 -.0312 -.2189 -.3201];
plot(X,T,'+');
title('Training Vectors');
xlabel('Input Vector P');
ylabel('Target Vector T');
```

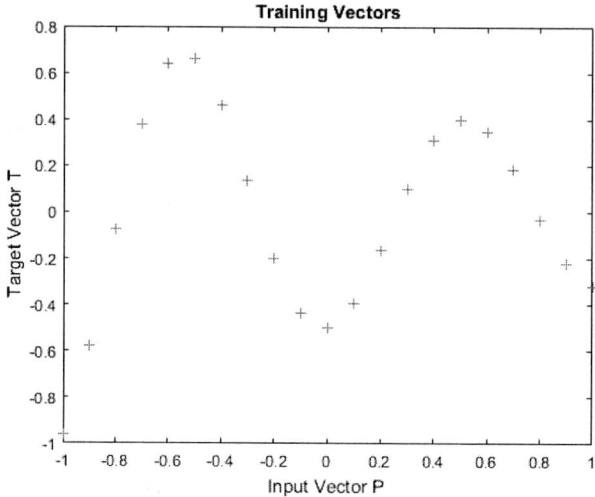

Nos gustaría encontrar una función que se ajuste a los 21 puntos de datos. Una forma de hacerlo es con una red de base radial. Una red de base radial es una red con dos capas. Una capa oculta de neuronas de base radial y una capa de salida de neuronas lineales. Aquí está la función de transferencia de base radial utilizada por la capa oculta.

```
x = -3:.1:3;
a = radbas(x);
plot(x,a)
title('Radial Basis Transfer Function');
xlabel('Input p');
ylabel('Output a');
```

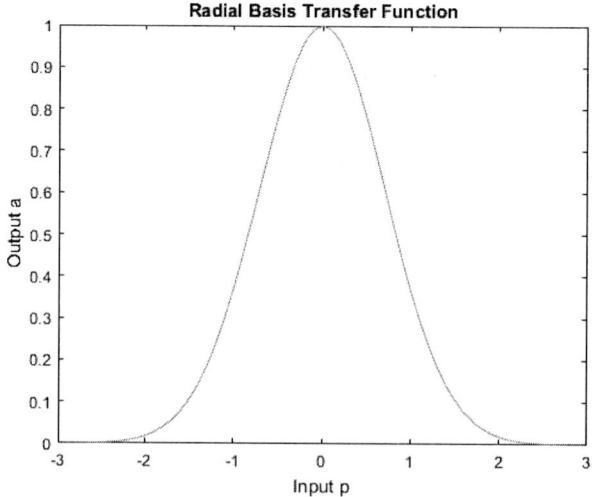

Los pesos y los sesgos de cada neurona de la capa oculta definen la posición y la anchura de una función de base radial. Cada neurona de salida lineal forma una suma ponderada de estas funciones de base radial. Con los valores correctos de pesos y sesgos para cada capa, y suficientes neuronas ocultas, una red de base radial puede ajustar cualquier función con la precisión deseada. Este es un ejemplo de tres funciones de base radial (en azul) escaladas y sumadas para producir una función (en magenta, gris en el gráfico).

```
a2 = radbas(x-1.5);
a3 = radbas(x+2);
a4 = a + a2*1 + a3*0.5;
plot(x,a,'b-',x,a2,'b--',x,a3,'b--',x,a4,'m-')
title('Weighted Sum of Radial Basis Transfer Functions');
xlabel('Input p');
ylabel('Output a');
```

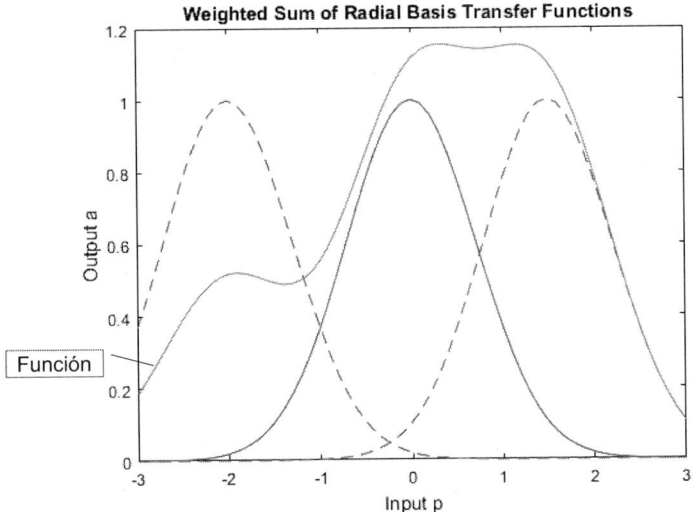

La función NEWRB crea rápidamente una red de base radial que se aproxima a la función definida por P y T. Además del conjunto de entrenamiento y los objetivos, NEWRB toma dos argumentos, el objetivo de la suma del error cuadrado y la constante de propagación.

```
eg = 0.02; % sum-squared error goal
sc = 1;    % spread constant
net = newrb(X,T,eg,sc);
NEWRB, neurons = 0, MSE = 0.176192
```

Para ver el rendimiento de la red, vuelva a trazar el conjunto de entrenamiento. A continuación, simule la respuesta de la red para entradas en el mismo rango. Por último, representa los resultados en el mismo gráfico.

```
plot(X,T,'+');
xlabel('Input');

X = -1:.01:1;
Y = net(X);

hold on;
plot(X,Y);
hold off;
legend({'Target','Output'})
```

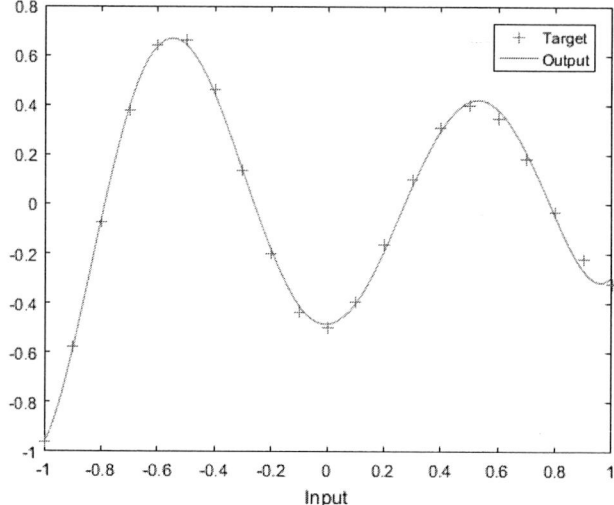

5.6.2 Neuronas de Base Radial Subyacente

Una red de base radial se entrena para responder a entradas específicas con salidas objetivo. Sin embargo, como la dispersión de las neuronas de base radial es muy baja, la red requiere muchas neuronas.

Definir 21 entradas P y objetivos asociados T.

```
P = -1:.1:1;
T = [-.9602 -.5770 -.0729 .3771 .6405 .6600 .4609 ...
     .1336 -.2013 -.4344 -.5000 -.3930 -.1647 .0988 ...
     .3072 .3960 .3449 .1816 -.0312 -.2189 -.3201];
plot(P,T,'+');
title('Training Vectors');
xlabel('Input Vector P');
ylabel('Target Vector T');
```

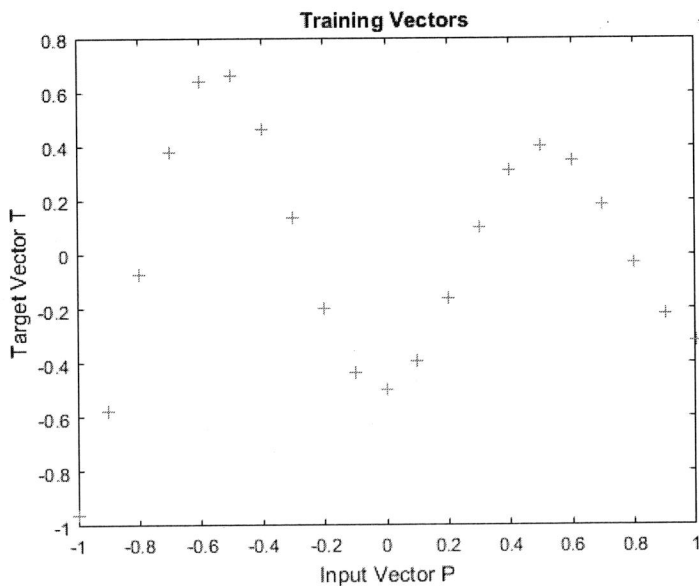

La función NEWRB crea rápidamente una red de base radial que se aproxima a la función definida por P y T. Además del conjunto de entrenamiento y los objetivos, NEWRB toma dos argumentos, el objetivo de la suma cuadrada del error y la constante de dispersión. La dispersión de las neuronas de base radial B se establece en un número muy pequeño.

```
eg = 0.02; % sum-squared error goal
sc = .01;  % spread constant
net = newrb(P,T,eg,sc);
NEWRB, neurons = 0, MSE = 0.176192
```

Para comprobar que la red se ajusta a la función de forma suave, define otro conjunto de vectores de entrada de prueba y simula la red con estas nuevas entradas. Represente los resultados en el mismo gráfico que el conjunto de entrenamiento. Los vectores de prueba revelan que la función se ha ajustado en exceso. La red podría haberlo hecho mejor con una constante de propagación más alta.

```
X = -1:.01:1;
Y = net(X);
hold on;
plot(X,Y);
hold off;
```

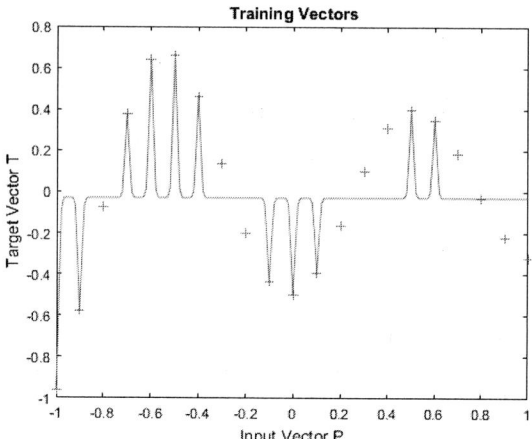

5.6.3 Aproximación de la función GRNN

Este ejemplo utiliza las funciones NEWGRNN y SIM.

Aquí hay ocho puntos de datos de la función y que nos gustaría ajustar. Las entradas de la función X deben dar lugar a las salidas objetivo T.

```
X = [1 2 3 4 5 6 7 8];
T = [0 1 2 3 2 1 2 1];

plot(X,T,'.','markersize',30)
axis([0 9 -1 4])
title('Function to approximate.')
xlabel('X')
ylabel('T')
```

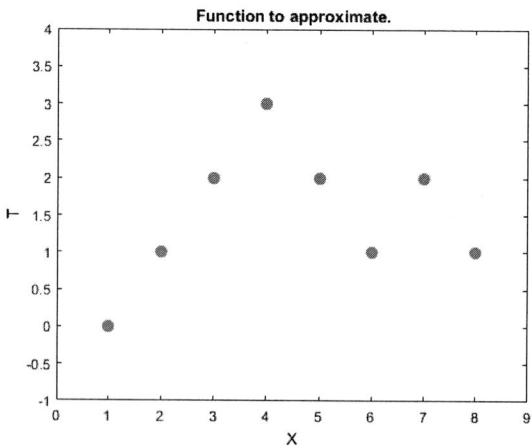

Utilizamos NEWGRNN para crear la red de regresión generalizada y. Utilizamos y SPREAD ligeramente inferior a 1, la distancia entre los valores de entrada, para obtener una función y que se ajuste a los puntos de datos individuales con bastante precisión. Una dispersión más pequeña se ajustaría mejor a los datos, pero sería menos suave.

```
spread = 0.7;
net = newgrnn(X,T,spread);
A = net(X);

hold on
outputline = plot(X,A,'.','markersize',30,'color',[1 0 0]);
title('Create and test y network.')
xlabel('X')
ylabel('T and A')
```

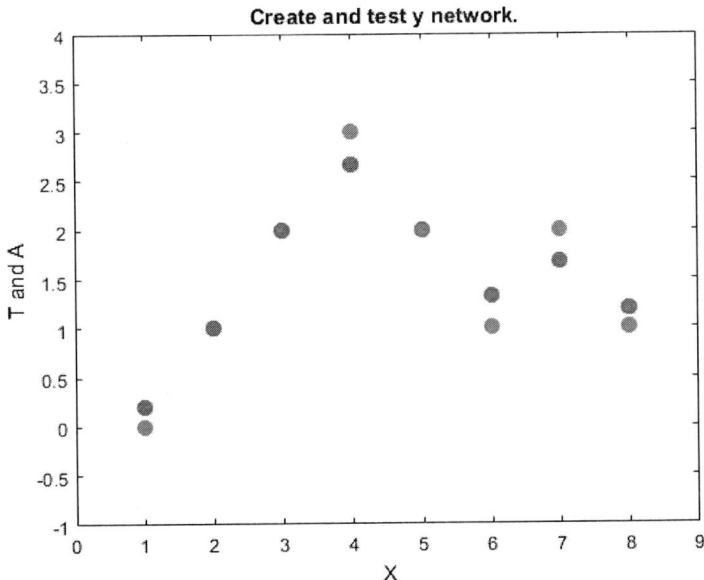

Podemos utilizar la red para aproximar la función a y nuevo valor de entrada.

```
x = 3.5;
y = net(x);
plot(x,y,'.','markersize',30,'color',[1 0 0]);
title('New input value.')
xlabel('X and x')
ylabel('T and y')
```

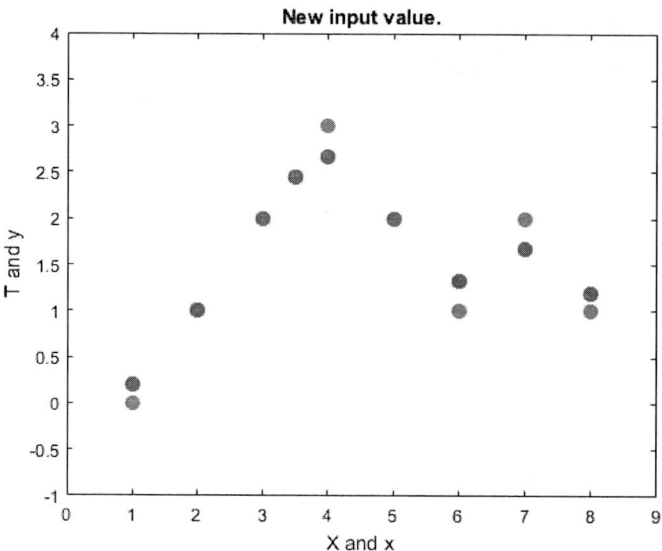

Aquí se simula la respuesta de la red para muchos valores, lo que nos permite ver la función que representa.

```
X2 = 0:.1:9;
Y2 = net(X2);
plot(X2,Y2,'linewidth',4,'color',[1 0 0])
title('Function to approximate.')
xlabel('X and X2')
ylabel('T and Y2')
```

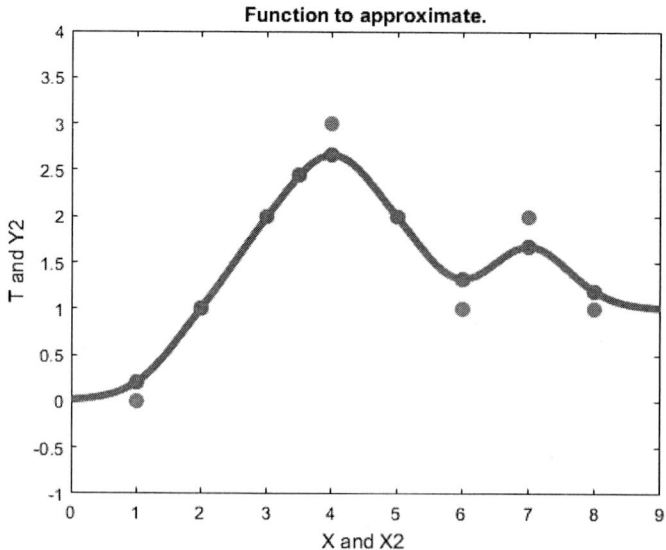

5.6.4 Clasificación PNN

Este ejemplo utiliza las funciones NEWPNN y SIM.

Tenemos tres vectores de entrada de dos elementos X y sus clases asociadas Tc. Queremos crear una red neuronal probabilística que clasifique correctamente estos vectores.

```
X = [1 2; 2 2; 1 1]';
Tc = [1 2 3];
plot(X(1,:),X(2,:),'.','markersize',30)
for i = 1:3, text(X(1,i)+0.1,X(2,i),sprintf('class %g',Tc(i))), end
axis([0 3 0 3])
title('Three vectors and their classes.')
xlabel('X(1,:)')
ylabel('X(2,:)')
```

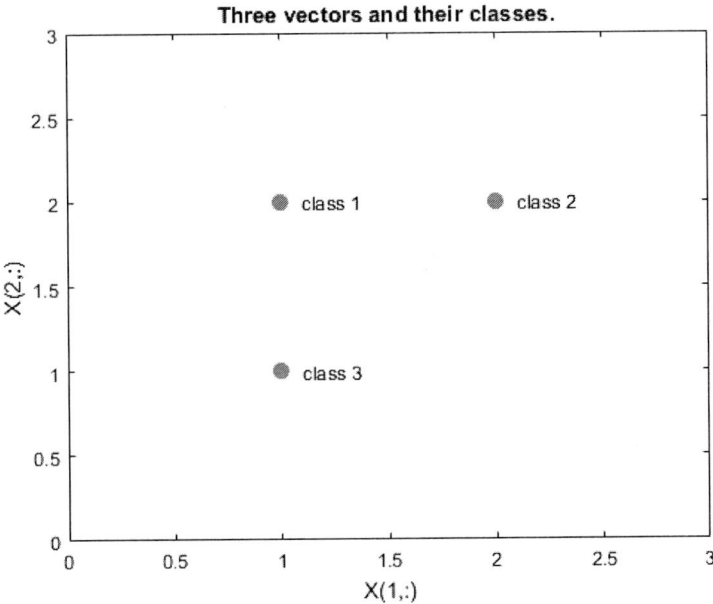

En primer lugar, convertimos los índices de clase objetivo Tc en vectores T. A continuación, diseñamos una red neuronal probabilística con NEWPNN. Utilizamos el valor de y SPREAD de 1 porque es la distancia típica entre los vectores de entrada.

```
T = ind2vec(Tc);
spread = 1;
net = newpnn(X,T,spread);
```

Ahora probamos la red con los vectores de entrada del diseño. Para ello, simulamos la red y convertimos sus salidas vectoriales en índices.

```
Y = net(X);
Yc = vec2ind(Y);
plot(X(1,:),X(2,:),'.','markersize',30)
axis([0 3 0 3])
for i = 1:3,text(X(1,i)+0.1,X(2,i),sprintf('class %g',Yc(i))),end
title('Testing the network.')
xlabel('X(1,:)')
ylabel('X(2,:)')
```

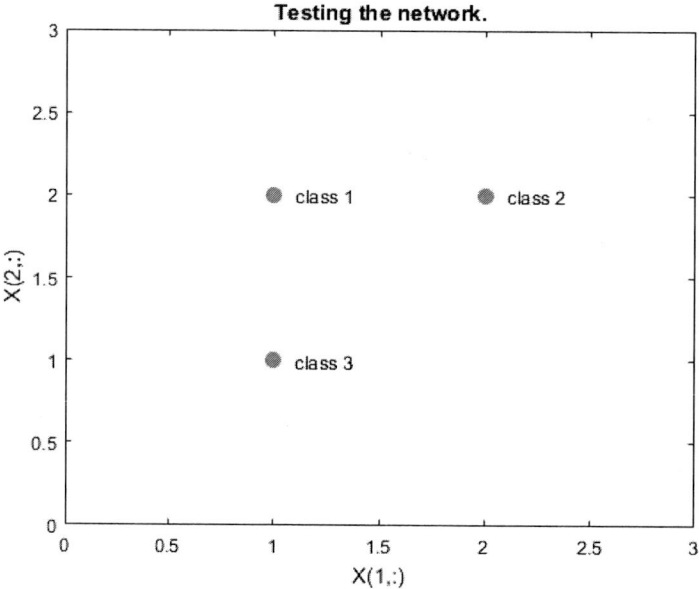

Clasifiquemos y nuevo vector con nuestra red.

```
x = [2; 1.5];
y = net(x);
ac = vec2ind(y);
hold on
plot(x(1),x(2),'.','markersize',30,'color',[1 0 0])
text(x(1)+0.1,x(2),sprintf('class %g',ac))
hold off
title('Classifying y new vector.')
xlabel('X(1,:) and x(1)')
ylabel('X(2,:) and x(2)')
```

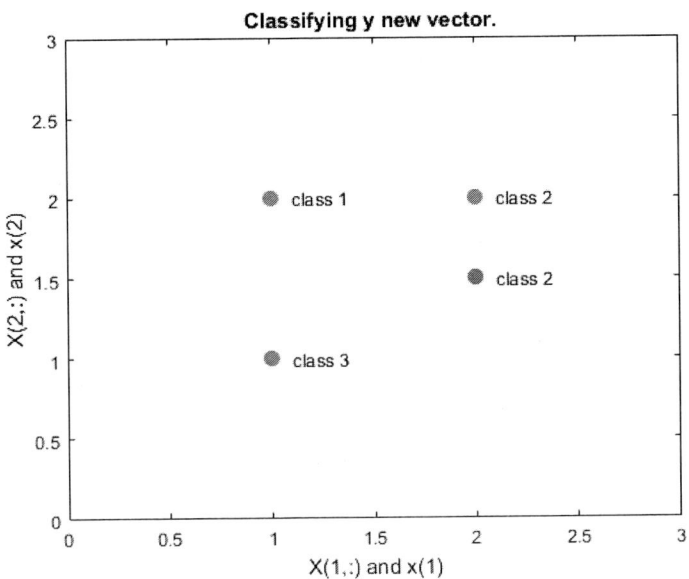

Este diagrama muestra cómo la red neuronal probabilística divide el espacio de entrada en las tres clases.

```
x1 = 0:.05:3;
x2 = x1;
[X1,X2] = meshgrid(x1,x2);
xx = [X1(:) X2(:)]';
yy = net(xx);
yy = full(yy);
m = mesh(X1,X2,reshape(yy(1,:),length(x1),length(x2)));
m.FaceColor = [0 0.5 1];
m.LineStyle = 'none';
hold on
m = mesh(X1,X2,reshape(yy(2,:),length(x1),length(x2)));
m.FaceColor = [0 1.0 0.5];
m.LineStyle = 'none';
m = mesh(X1,X2,reshape(yy(3,:),length(x1),length(x2)));
m.FaceColor = [0.5 0 1];
m.LineStyle = 'none';
plot3(X(1,:),X(2,:),[1 1 1]+0.1,'.','markersize',30)
plot3(x(1),x(2),1.1,'.','markersize',30,'color',[1 0 0])
hold off
view(2)
title('The three classes.')
xlabel('X(1,:) and x(1)')
ylabel('X(2,:) and x(2)')
```

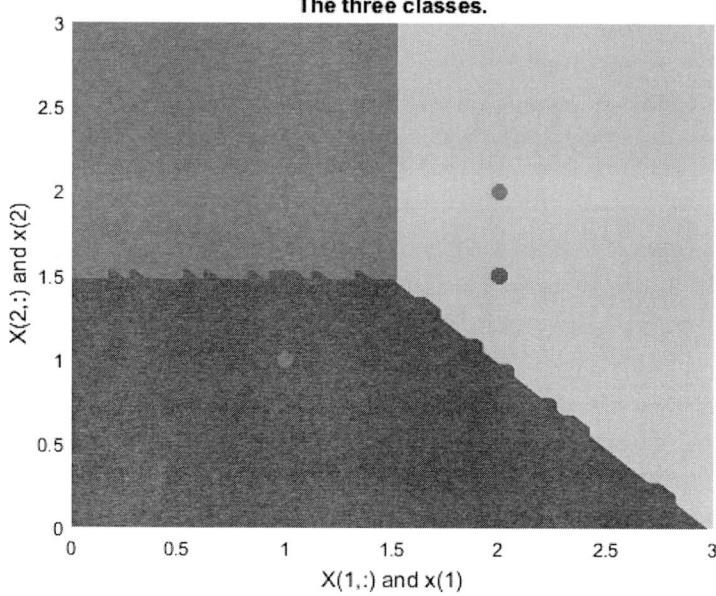

Capítulo 6

HERRAMIENTAS DE APRENDIZAJE PROFUNDO.

ARQUITECTURA DE REDES NEURONALES:

REDES NEURONALES PROBABILÍSTICAS,

DE REGRESIÓN GENERALIZADA Y LVQ

6.1 REDES NEURONALES PROBABILÍSTICAS

Las redes neuronales probabilísticas pueden utilizarse para problemas de clasificación. Cuando se presenta una entrada, la primera capa calcula las distancias del vector de entrada a los vectores de entrada de entrenamiento y produce un vector cuyos elementos indican lo cerca que está la entrada de una entrada de entrenamiento. La segunda capa suma estas contribuciones para cada clase de entradas para producir como salida neta un vector de probabilidades. Por último, una función de transferencia *competitiva* en la salida de la segunda capa escoge el máximo de estas probabilidades y produce un 1 para esa clase y un 0 para las demás. La arquitectura de este sistema se muestra a continuación.

6.1.1 Arquitectura de la red

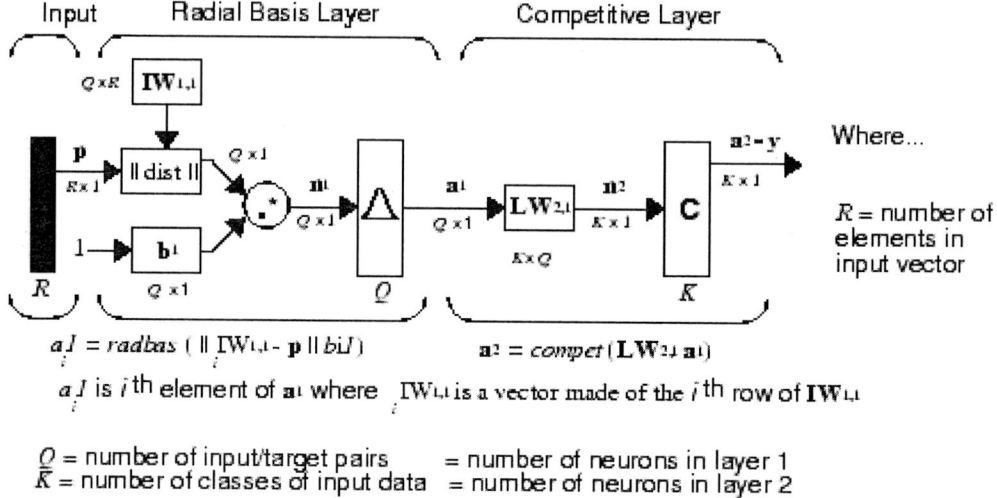

Se supone que hay Q pares de vectores de entrada/vectores objetivo. Cada vector objetivo tiene K elementos. Uno de estos elementos es 1 y el resto son 0. Por tanto, cada vector de entrada está asociado a una de las K clases.

Los pesos de entrada de la primera capa, $IW^{1,1}$ (net.IW{1,1}), se ajustan a la transposición de la matriz formada a partir de los pares de entrenamiento Q, **P'**. Cuando se presenta una entrada, la casilla ‖ dist ‖ produce un vector cuyos elementos indican lo cerca que está la entrada de los vectores del conjunto de entrenamiento. Estos elementos se multiplican, elemento por elemento, por el sesgo y se envían a la función radbastransfer. Un vector de entrada cercano a un vector de entrenamiento se representa con un número cercano a 1 en el vector de salida $\mathbf{a}^1$. Si una entrada está cerca de varios vectores de entrenamiento de una misma clase, se representa con varios elementos de $\mathbf{a}^1$ que están cerca de 1.

Los pesos de la segunda capa, $LW^{1,2}$ (net.LW{2,1}), se ajustan a la matriz **T** de vectores objetivo. Cada vector tiene un 1 sólo en la fila asociada a esa clase particular de entrada, y 0s en el resto. (Utilice la función ind2vec para crear los vectores adecuados.) La multiplicación $\mathbf{Ta}^1$ suma los elementos de $\mathbf{un}^1$ debido a cada una de las K clases de entrada. Finalmente, la función de transferencia de la segunda capa, compet, produce un 1 correspondiente al elemento más grande de $\mathbf{n}^2$, y 0s en el resto. Así, la red clasifica el vector de entrada en una clase K específica porque esa clase tiene la máxima probabilidad de ser correcta.

6.1.2 Diseño (newpnn)

Puede utilizar la función newpnn para crear una PNN. Por ejemplo, supongamos que siete vectores de entrada y sus correspondientes objetivos son

```
P = [0 0;1 1;0 3;1 4;3 1;4 1;4 3]'
```

que da como resultado

```
P =

     0     1     0     1     3     4     4

     0     1     3     4     1     1     3

Tc = [1 1 2 2 3 3 3]
```

que da como resultado

```
Tc =

     1     1     2     2     3     3     3
```

Necesitas una matriz objetivo con 1s en los lugares correctos. Puedes conseguirla con la función ind2vec. Da una matriz con 0s excepto en los lugares correctos. Así que ejecuta

```
T = ind2vec(Tc)
```

que da

```
T =
   (1,1)        1
   (1,2)        1
   (2,3)        1
   (2,4)        1
   (3,5)        1
   (3,6)        1
   (3,7)        1
```

Ahora puedes crear una red y simularla, utilizando la entrada P para asegurarte de que produce las clasificaciones correctas. Utiliza la función vec2ind para convertir la salida Y en una fila Yc para que las clasificaciones sean claras.

```
net = newpnn(P,T);

Y = sim(net,P);

Yc = vec2ind(Y)
```

Esto produce

```
Yc =

       1     1     2     2     3     3     3
```

Puedes intentar clasificar vectores distintos a los que se utilizaron para diseñar la red. Intenta clasificar los vectores que se muestran a continuación en P2.

```
P2 = [1 4;0 1;5 2]'

P2 =

       1     0     5

       4     1     2
```

¿Puedes adivinar cómo se clasificarán estos vectores? Si ejecutas la simulación y trazas los vectores como antes, obtienes

```
Yc =

       2     1     3
```

Estos resultados son buenos, ya que estos vectores de prueba estaban bastante cerca de los miembros de las clases 2, 1 y 3, respectivamente. La red ha conseguido generalizar su funcionamiento para clasificar correctamente vectores distintos de los utilizados para diseñar la red.

Puede que quieras probar la demopnn1. Muestra cómo diseñar una PNN, y cómo la red puede clasificar con éxito un vector no utilizado en el diseño.

6.2 REDES NEURONALES DE REGRESIÓN GENERALIZADA

6.2.1 Arquitectura de la red

Una red neuronal de regresión generalizada (GRNN) se utiliza a menudo para la aproximación de funciones. Tiene una capa de base radial y una capa lineal especial.

La arquitectura de la GRNN se muestra a continuación. Es similar a la red de base radial, pero tiene una segunda capa ligeramente diferente.

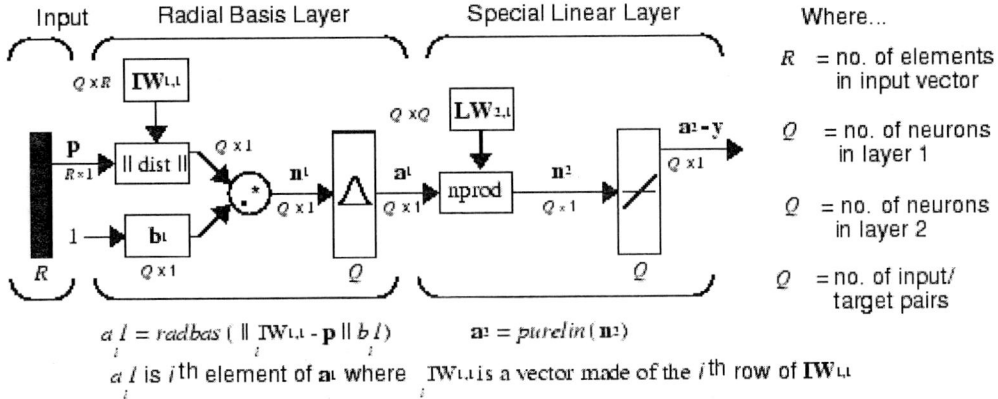

Aquí la caja **nprod** mostrada arriba (función de código normprod) produce S^2 elementos en el vector $\mathbf{n}^2$. Cada elemento es el producto punto de una fila de $LW^{2,1}$ y el vector de entrada $\mathbf{a}^1$, todo ello normalizado por la suma de los elementos de $\mathbf{a}^1$. Por ejemplo, supongamos que

```
LW{2,1}= [1 -2;3 4;5 6];
a{1} = [0.7;0.3];
```

Entonces

```
aout = normprod(LW{2,1},a{1})

aout =

    0.1000

    3.3000

    5.3000
```

La primera capa es igual que la de las redes newrbe. Tiene tantas neuronas como vectores de entrada/objetivo haya en **P**. En concreto, los pesos de la primera capa se fijan en **P'**. El sesgo $\mathbf{b}^1$ se fija en un vector columna de 0,8326/SPREAD. El usuario elige SPREAD, la distancia que debe tener un vector de entrada con respecto al vector de pesos de una neurona para que sea 0,5.

De nuevo, la primera capa funciona igual que la capa de base radial newrbe descrita anteriormente. La entrada ponderada de cada neurona es la distancia entre el vector de entrada y su vector de pesos, calculada con dist. La entrada neta de cada neurona es el producto de su entrada ponderada por su sesgo, calculado con netprod. La salida de cada neurona es su entrada neta pasada por radbas. Si el vector de pesos de una neurona es igual al vector de entrada (transpuesto), su entrada ponderada será

0, su entrada neta será 0 y su salida será 1. Si el vector de pesos de una neurona está a una distancia de dispersión del vector de entrada, su entrada ponderada será dispersión, y su entrada neta será sqrt(-log(.5)) (o 0,8326). Por lo tanto, su salida será 0,5.

La segunda capa también tiene tantas neuronas como vectores de entrada/objetivo, pero aquí LW{2,1} se fija en T.

Suponga que tiene un vector de entrada **p cercano** a p_i , uno de los vectores de entrada entre los pares vector de entrada/objetivo utilizados en el diseño de los pesos de la capa 1. Esta entrada **p** produce una salida de la capa 1 a^i cercana a 1. Esto lleva a una salida de la capa 2 cercana a t_i, uno de los objetivos utilizados para formar las ponderaciones de la capa 2.

Una mayor dispersión conduce a una gran área alrededor del vector de entrada donde las neuronas de la capa 1 responderán con salidas significativas. Por lo tanto, si la dispersión es pequeña, la función de base radial es muy empinada, de modo que la neurona con el vector de peso más cercano a la entrada tendrá una salida mucho mayor que otras neuronas. La red tiende a responder con el vector objetivo asociado al vector de entrada de diseño más cercano.

A medida que la dispersión es mayor, la pendiente de la función de base radial se suaviza y varias neuronas pueden responder a un vector de entrada. La red actúa entonces como si tomara una media ponderada entre los vectores objetivo cuyos vectores de entrada de diseño son los más cercanos al nuevo vector de entrada. A medida que la dispersión es mayor, cada vez más neuronas contribuyen a la media, con lo que la función de la red se vuelve más suave.

6.2.2 Diseño (newgrnn)

Puede utilizar la función newgrnn para crear una GRNN. Por ejemplo, supongamos que se definen tres vectores de entrada y tres de destino como

```
P = [4 5 6];

T = [1.5 3.6 6.7];
```

Ahora puede obtener un GRNN con

```
net = newgrnn(P,T);
```

y simularlo con

```
P = 4.5;

v = sim(net,P);
```

Quizás quieras probar demogrn1. Muestra cómo aproximar una función con un GRNN.

6.3 REDES NEURONALES DE CUANTIFICACIÓN VECTORIAL DE APRENDIZAJE (LVQ)

6.3.1 Arquitectura

La arquitectura de la red LVQ se muestra a continuación.

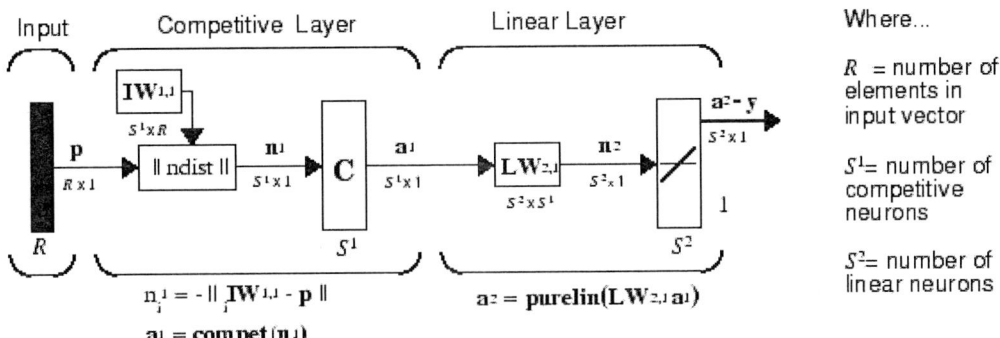

Una red LVQ tiene una primera capa competitiva y una segunda capa lineal. La capa competitiva aprende a clasificar los vectores de entrada de forma muy parecida a las capas competitivas de la red neuronal Cluster con mapa autoorganizado descrita en este tema. La capa lineal transforma las clases de la capa competitiva en clasificaciones objetivo-definidas por el usuario. Las clases aprendidas por la capa competitiva se denominan *subclases* y las clases de la capa lineal *clases objetivo*.

Tanto la capa competitiva como la lineal tienen una neurona por cada clase (sub o objetivo). Así, la capa competitiva puede aprender hasta S^1 subclases. Éstas, a su vez, son combinadas por la capa lineal para formar S^2 clases objetivo. (S^1 es siempre mayor que S^2.)

Por ejemplo, supongamos que las neuronas 1, 2 y 3 de la capa competitiva aprenden todas las subclases del espacio de entrada que pertenece a la clase objetivo 2 de la capa lineal. Entonces las neuronas competitivas 1, 2 y 3 tendrán pesos $\mathbf{LW}^{2,1}$ de 1,0 para la neurona $\mathbf{n}^2$ en la capa lineal, y pesos de 0 para todas las demás neuronas lineales. Así, la neurona lineal produce un 1 si cualquiera de las tres neuronas competitivas (1, 2, o 3) gana la competición y produce un 1. Así es como las subclases de la capa competitiva se combinan en clases objetivo en la capa lineal.

En resumen, un 1 en la i-ésima fila de $\mathbf{un}^1$ (el resto de los elementos de $\mathbf{un}^1$ serán cero) elige efectivamente la i-ésima columna de $\mathbf{LW}^{2,1}$ como salida de la red. Cada una de estas columnas contiene un único 1, que corresponde a una clase específica. Así, los 1 de la subclase de la capa 1 se colocan en varias clases mediante la multiplicación de $\mathbf{LW}^{2,1} \mathbf{a}^1$ en la capa 2.

Usted sabe de antemano qué fracción de las neuronas de la capa 1 debe clasificarse en las distintas salidas de clase de la capa 2, por lo que puede especificar los elementos de $\mathbf{LW}^{2,1}$ al principio. Sin embargo, tiene que pasar por un procedimiento de entrenamiento para conseguir que la primera capa produzca la salida de subclase correcta para cada vector del conjunto de entrenamiento. Este entrenamiento se discute en Entrenamiento. En primer lugar, considere cómo crear la red original.

6.3.2 Creación de una red LVQ (lvqnet)

Puede crear una red LVQ con la función lvqnet,

```
net = lvqnet(S1,LR,LF)
```

where

- S1 is the number of first-layer hidden neurons.
- LR is the learning rate (default 0.01).
- LF is the learning function (default is learnlv1).

Suponga que tiene 10 vectores de entrada. Cree una red que asigne cada uno de estos vectores de entrada a una de las cuatro subclases. Así, hay cuatro neuronas en la primera capa competitiva. Estas subclases son asignadas a una de las dos clases de salida por las dos neuronas de la capa 2. Los vectores de entrada y los objetivos se especifican mediante

```
P = [-3 -2 -2 0 0 0 0 2 2 3; 0 1 -1 2 1 -1 -2 1 -1 0];
```

y

```
Tc = [1 1 1 2 2 2 2 1 1 1];
```

Podría ayudar a mostrar los detalles de lo que se obtiene de estas dos líneas de código.

```
P,Tc

P =

    -3    -2    -2     0     0     0     0     2     2     3

     0     1    -1     2     1    -1    -2     1    -1     0

Tc =

     1     1     1     2     2     2     2     1     1     1
```

A continuación, se muestra un gráfico de los vectores de entrada.

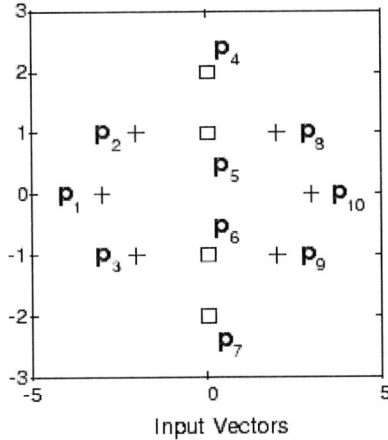

Input Vectors

Como puede ver, hay cuatro subclases de vectores de entrada. Se desea una red que clasifique p_1 , p_2 , p_3 , p_8 , p_9 , y p_{10} para producir una salida de 1, y que clasifique los vectores p_4 , p_5 , p_6 , y p_7 para producir una salida de 2. Obsérvese que este problema es no linealmente separable, por lo que no puede ser resuelto por un perceptrón, pero una red LVQ no tiene dificultad.

A continuación, convierta la matriz Tc en vectores objetivo.

```
T = ind2vec(Tc);
```

De esta forma se obtiene una matriz dispersa T que puede visualizarse en su totalidad con

```
targets = full(T)
```

que da

```
targets =

   1    1    1    0    0    0    0    1    1    1

   0    0    0    1    1    1    1    0    0    0
```

Esto parece correcto. Dice, por ejemplo, que si tienes la primera columna de P como entrada, deberías obtener la primera columna de objetivos como salida; y esa salida dice que la entrada cae en la clase 1, lo cual es correcto. Ahora está listo para llamar a lvqnet.

Llama a lvqnet para crear una red con cuatro neuronas.

```
net = lvqnet(4);
```

Configurar y confirmar que los valores iniciales de la matriz de pesos de la primera capa son inicializados por la función punto medio a valores en el centro del rango de datos de entrada.

```
net = configure(net,P,T);

net.IW{1}

ans =

   0    0

   0    0

   0    0

   0    0
```

Confirme que los pesos de la segunda capa tienen el 60% (6 de los 10 en Tc) de sus columnas con un 1 en la primera fila, (correspondiente a la clase 1), y el 40% de sus columnas tienen un 1 en la segunda fila (correspondiente a la clase 2). Con sólo cuatro columnas, el 60% y el 40% redondean en realidad al 50% y hay dos 1 en cada fila.

```
net.LW{2,1}

ans =

   1    1    0    0

   0    0    1    1
```

Esto también tiene sentido. Dice que si la capa competitiva produce un 1 como primer o segundo elemento, el vector de entrada se clasifica como clase 1; de lo contrario, es una clase 2.

Puede observar que las dos primeras neuronas competitivas están conectadas a la primera neurona lineal (con pesos de 1), mientras que las dos segundas neuronas competitivas están conectadas a la segunda neurona lineal. Todos los demás pesos entre las neuronas competitivas y las neuronas lineales tienen valores de 0. Así, cada una de las dos clases objetivo (las neuronas lineales) es, de hecho, la unión de dos subclases (las neuronas competitivas).

Puedes simular la red con sim. Utiliza la matriz P original como entrada sólo para ver lo que obtienes.

```
Y = net(P);

Yc = vec2ind(Y)

Yc =

        1     1     1     1     1     1     1     1     1     1
```

La red clasifica todas las entradas en la clase 1. Como esto no es lo que se quiere, hay que entrenar la red (ajustando los pesos de la capa 1 solamente), antes de esperar un buen resultado. Las dos secciones siguientes tratan de dos reglas de aprendizaje de LVQ y del proceso de entrenamiento.

6.3.3 Regla de aprendizaje LVQ1 (learnlv1)

El aprendizaje de LVQ en la capa competitiva se basa en un conjunto de pares de entrada/objetivo.

$$\{\mathbf{p}_1, \mathbf{t}_1\}, \{\mathbf{p}_2, \mathbf{t}_2\}, \ldots \{\mathbf{p}_Q, \mathbf{t}_Q\}$$

Cada vector objetivo tiene un único 1. El resto de sus elementos son 0. El 1 indica la clasificación correcta de la entrada asociada. Por ejemplo, considere el siguiente par de entrenamiento.

$$\left\{ \mathbf{p}_1 = \begin{bmatrix} 2 \\ -1 \\ 0 \end{bmatrix}, \mathbf{t}_1 = \begin{bmatrix} 0 \\ 0 \\ 1 \\ 0 \end{bmatrix} \right\}$$

Aquí hay vectores de entrada de tres elementos, y cada vector de entrada debe asignarse a una de las cuatro clases. Hay que entrenar la red para que clasifique el vector de entrada mostrado arriba en la tercera de las cuatro clases.

Para entrenar la red, se presenta un vector de entrada $\mathbf{p}$, y la distancia de $\mathbf{p}$ a cada fila de la matriz de pesos de entrada $\mathbf{IW}^{1,1}$ se calcula con la función negdist. Las neuronas ocultas de la capa 1 compiten. Supongamos que el elemento i de $\mathbf{n}^1$ es el más positivo, y la neurona i^* gana la competición. Entonces la función de transferencia competitiva produce un 1 como el i^{*o} *elemento de* $\mathbf{a}^1$. Todos los demás elementos de $\mathbf{a}^1$ son 0.

Cuando $\mathbf{un}^1$ se multiplica por los pesos de la capa 2 $\mathbf{LW}^{2,1}$, el único 1 $\mathbf{de}^1$ selecciona la clase k^* asociada a la entrada. Así, la red ha asignado el vector de entrada $\mathbf{p}$ a la clase k^* y $\alpha^2_{k^*}$ será 1. Por supuesto, esta asignación puede ser buena o mala, *ya* que t_{k^*} puede ser 1 o 0, dependiendo de si la entrada pertenece a la clase k^* o no.

Ajuste la i^{*a} fila de $\mathbf{IW}^{1,1}$ de manera que esta fila se acerque al vector de entrada $\mathbf{p}$ si la asignación es correcta, y se aleje de $\mathbf{p}$ si la asignación es incorrecta. Si $\mathbf{p}$ $\mathbf{se}$ clasifica correctamente

$$\left(\alpha^2_{k_*} = t_{k_*} = 1 \right)$$

compute the new value of the i^*th row of $\mathbf{IW}^{1,1}$ as

$$_{i_*}\mathbf{IW}^{1,1}(q) = {}_{i_*}\mathbf{IW}^{1,1}(q - 1) + \alpha(\mathbf{p}(q) - {}_{i_*}\mathbf{IW}^{1,1}(q - 1))$$

On the other hand, if $\mathbf{p}$ is classified incorrectly,

$$\left(\alpha^2_{k_*} = 1 \neq t_{k_*} = 0 \right)$$

compute the new value of the i^*th row of $\mathbf{IW}^{1,1}$ as

$$_{i_*}\mathbf{IW}^{1,1}(q) = {}_{i_*}\mathbf{IW}^{1,1}(q - 1) - \alpha(\mathbf{p}(q) - {}_{i_*}\mathbf{IW}^{1,1}(q - 1))$$

Se pueden hacer estas correcciones en la i^{*a} fila de $\mathbf{IW}^{1,1}$ automáticamente, sin afectar a otras filas de $\mathbf{IW}^{1,1}$, retropropagando los errores de salida a la capa 1.

Estas correcciones mueven la neurona oculta hacia los vectores que caen en la clase para la que forma una subclase, y la alejan de los vectores que caen en otras clases.

La función de aprendizaje que implementa estos cambios en los pesos de la capa 1 en las redes LVQ es learnlv1. Se puede aplicar durante el entrenamiento.

6.3.4 Entrenamiento

A continuación, hay que entrenar la red para obtener los pesos de la primera capa que conduzcan a la clasificación correcta de los vectores de entrada. Esto se hace con el entrenamiento como con los siguientes comandos. En primer lugar, establezca las épocas de entrenamiento en 150. A continuación, utilice train:

```
net.trainParam.epochs = 150;

net = train(net,P,T);
```

Ahora confirma los pesos de la primera capa.

```
net.IW{1,1}

ans =

    0.3283    0.0051

   -0.1366    0.0001

   -0.0263    0.2234

        0   -0.0685
```

El siguiente gráfico muestra que estas ponderaciones se han desplazado hacia sus respectivos grupos de clasificación.

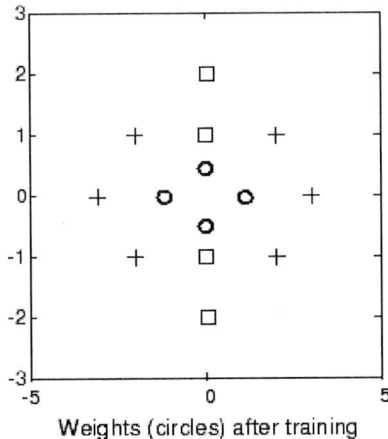

Weights (circles) after training

Para confirmar que estos pesos conducen efectivamente a la clasificación correcta, tome la matriz P como entrada y simule la red. A continuación, vea qué clasificaciones produce la red.

```
Y = net(P);

Yc = vec2ind(Y)
```

Esto da

```
Yc =
```

1	1	1	2	2	2	2	1	1	1

que es lo que se espera. Como última comprobación, pruebe con una entrada cercana a un vector que se utilizó en el entrenamiento.

```
pchk1 = [0; 0.5];

Y = net(pchk1);

Yc1 = vec2ind(Y)
```

Esto da

```
Yc1 =

    2
```

Esto parece correcto, porque pchk1 está cerca de otros vectores clasificados como 2. De manera similar,

```
pchk2 = [1; 0];

Y = net(pchk2);

Yc2 = vec2ind(Y)
```

da

```
Yc2 =

    1
```

Esto también parece correcto, porque pchk2 está cerca de otros vectores clasificados como 1.

Puede probar el programa de ejemplo demolvq1. Sigue la discusión de la formación dada anteriormente.

6.3.5 Regla de aprendizaje suplementaria LVQ2.1 (learnlv2)

La siguiente regla de aprendizaje es una que podría aplicarse *después de* aplicar primero LVQ1. Puede mejorar el resultado del primer aprendizaje. Esta versión particular de LVQ2 está incorporada en la función learnlv2. Obsérvese de nuevo que LVQ2.1 debe utilizarse sólo después de aplicar LVQ1.

El aprendizaje aquí es similar al de learnlv2, excepto que ahora se pueden actualizar dos vectores de la capa 1 que están más cerca del vector de entrada, siempre que uno pertenezca a la clase correcta y otro a una clase incorrecta, y además siempre que la entrada caiga en una "ventana" cerca del plano medio de los dos vectores.

La ventana está definida por

$$\min\left(\frac{d_i}{d_j}, \frac{d_j}{d_i}\right) > s$$

where

$$s \equiv \frac{1-w}{1+w}$$

(donde d_i y d_j son las distancias euclidianas de **p** desde$_{i*}$ **IW**^{1,1} y$_{j*}$ **IW**^{1,1}, respectivamente). Tome un valor para w en el rango de 0,2 a 0,3. Si eliges, por ejemplo, 0,25, entonces $s = 0,6$. Esto significa que si el mínimo de las dos relaciones de distancia es mayor que 0,6, los dos vectores se ajustan. Es decir, si la entrada está cerca del plano medio, se ajustan los dos vectores, siempre y cuando el vector de entrada **p** y$_{j*}$ **IW**^{1,1} pertenezcan a la misma clase, y **p** y$_{i*}$ **IW**^{1,1} no pertenezcan a la misma clase.

Los ajustes realizados son

$$_{i*}\mathbf{IW}^{1,1}(q) = {}_{i*}\mathbf{IW}^{1,1}(q-1) - \alpha(\mathbf{p}(q) - {}_{i*}\mathbf{IW}^{1,1}(q-1))$$

y

$$_{j*}\mathbf{IW}^{1,1}(q) = {}_{j*}\mathbf{IW}^{1,1}(q-1) + \alpha(\mathbf{p}(q) - {}_{j*}\mathbf{IW}^{1,1}(q-1))$$

Así, dados dos vectores más cercanos a la entrada, siempre que uno pertenezca a la clase incorrecta y el otro a la correcta, y siempre que la entrada caiga en una ventana del plano medio, los dos vectores se ajustan. Este procedimiento permite que un vector que apenas se clasifica correctamente con LVQ1 se acerque aún más a la entrada, por lo que los resultados son más robustos.

6.4 APRENDIZAJE DE LA CUANTIFICACIÓN VECTORIAL EJEMPLO

Una red LVQ se entrena para clasificar los vectores de entrada según unos objetivos determinados.

Sea X un ejemplo de 10 vectores de entrada de 2 elementos y C las clases a las que pertenecen estos vectores. Estas clases pueden transformarse en vectores que se utilizarán como objetivos, T, con IND2VEC.

```
x = [-3 -2 -2  0  0  0  0 +2 +2 +3;
      0 +1 -1 +2 +1 -1 -2 +1 -1  0];
c = [1 1 1 2 2 2 2 1 1 1];
t = ind2vec(c);
```

Aquí se representan los puntos de datos. Rojo (gris oscuro en el gráfico) = clase 1, Cian (gris claro en el gráfico) = clase 2. La red LVQ representa clusters de vectores con neuronas ocultas, y agrupa los clusters con neuronas de salida para formar las clases deseadas.

```
colormap(hsv);
plotvec(x,c)
title('Input Vectors');
xlabel('x(1)');
ylabel('x(2)');
```

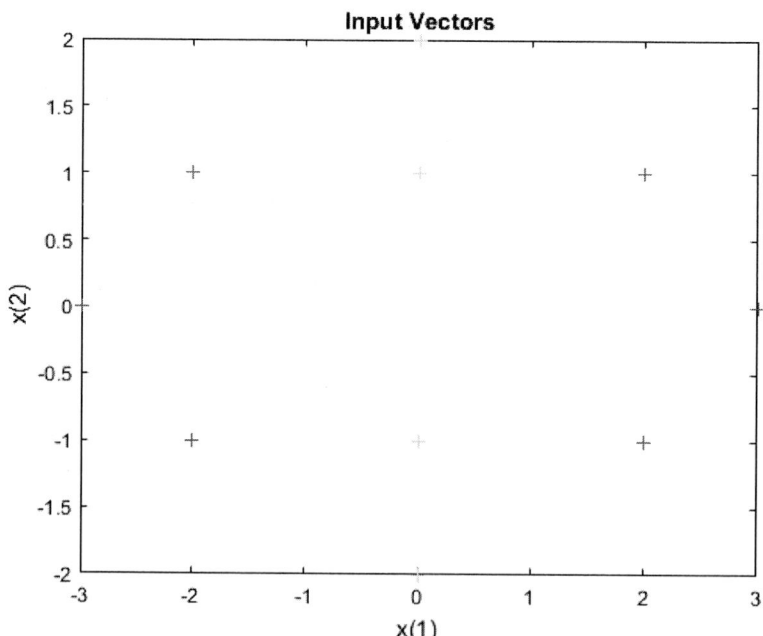

Aquí LVQNET crea una capa LVQ con cuatro neuronas ocultas y una tasa de aprendizaje de 0,1. A continuación se configura la red para las entradas X y los objetivos T. (La configuración normalmente es un paso innecesario ya que la realiza automáticamente el TRAIN).

```
net = lvqnet(4,0.1);
net = configure(net,x,t);
```

Los vectores de pesos de las neuronas competitivas se trazan como sigue.

```
hold on
w1 = net.IW{1};
plot(w1(1,1),w1(1,2),'ow')
title('Input/Weight Vectors');
xlabel('x(1), w(1)');
ylabel('x(2), w(2)');
```

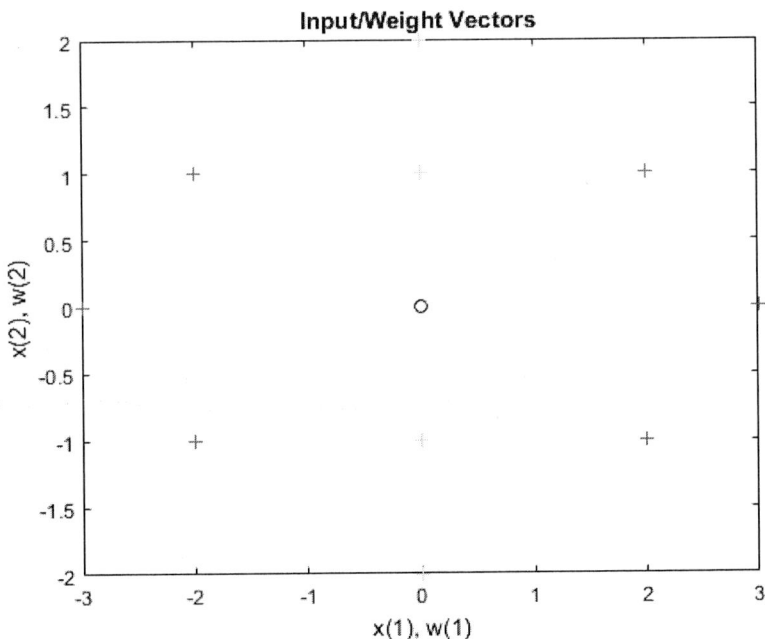

Para entrenar la red, primero anule el número de épocas por defecto, y luego entrene la red. Cuando termine, vuelva a trazar los vectores de entrada '+' y los vectores de pesos de las neuronas competitivas 'o'. Rojo (gris oscuro en el gráfico) = clase 1, Cian (gris claro en el gráfico) = clase 2.

```
net.trainParam.epochs=150;
net=train(net,x,t);

cla;
plotvec(x,c);
hold on;
plotvec(net.IW{1}',vec2ind(net.LW{2}),'o');
```

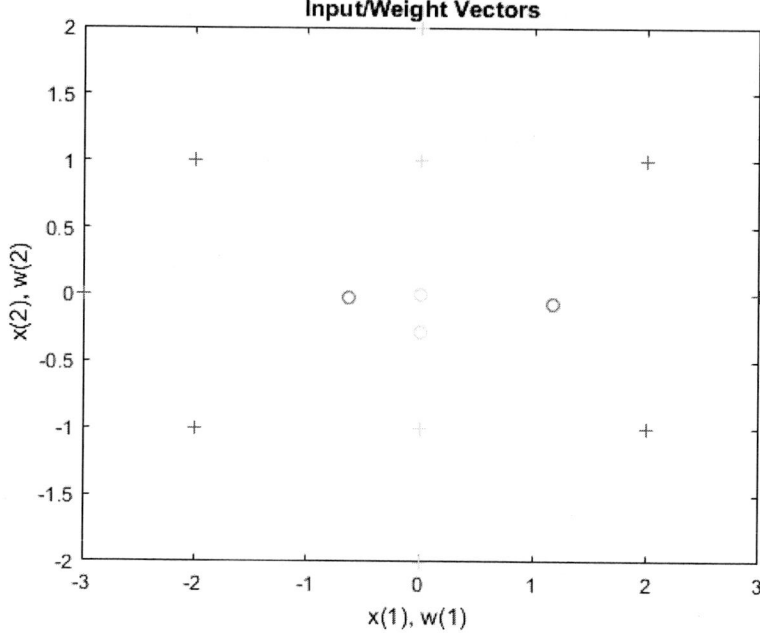

Ahora utilice la red LVQ como clasificador, donde cada neurona corresponde a una categoría diferente. Presente el vector de entrada [0,2; 1]. Rojo (gris oscuro en el gráfico) = clase 1, Cian (gris claro en el gráfico) = clase 2.

```
x1 = [0.2; 1];
y1 = vec2ind(net(x1))

y1 =

    2
```

HERRAMIENTAS DE APRENDIZAJE PROFUNDO.

ARQUITECTURA DE REDES NEURONALES:

REDES NEURONALES HOPFIELD

Y LINEALES

7.1 REDES NEURONALES LINEALES

Las redes lineales que se analizan en esta sección son similares al perceptrón, pero su función de transferencia es lineal y no está limitada. Esto permite que sus salidas tomen cualquier valor, mientras que la salida del perceptrón está limitada a 0 o 1. Las redes lineales, como el perceptrón, sólo pueden resolver problemas linealmente separables.

Aquí se diseña una red lineal que, cuando se le presenta un conjunto de vectores de entrada dados, produce salidas de vectores objetivo correspondientes. Para cada vector de entrada, se puede calcular el vector de salida de la red. La diferencia entre un vector de salida y su vector objetivo es el error. Se desea encontrar valores para los pesos y los sesgos de la red de forma que la suma de los cuadrados de los errores se minimice o esté por debajo de un valor específico. Este problema es manejable porque los sistemas lineales tienen un único mínimo de error. En la mayoría de los casos, se puede calcular directamente una red lineal, de forma que su error sea un mínimo para los vectores de entrada y los vectores objetivo dados. En otros casos, los problemas numéricos impiden el cálculo directo. Afortunadamente, siempre se puede entrenar la red para que tenga un error mínimo mediante el algoritmo de mínimos cuadrados medios (Widrow-Hoff).

Esta sección presenta newlin, una función que crea una capa lineal, y newlind, una función que diseña una capa lineal para un propósito específico.

7.1.1 Modelo neuronal

A continuación, se muestra una neurona lineal con R entradas.

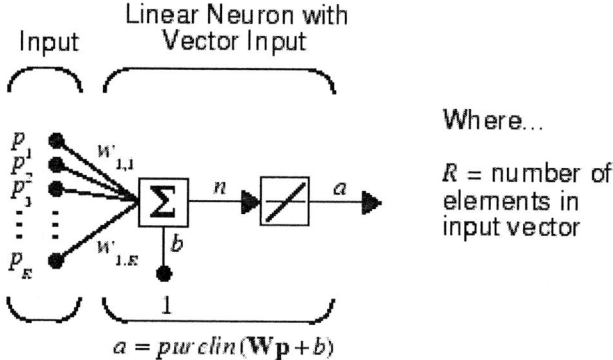

$$a = purelin(\mathbf{W}p + b)$$

Esta red tiene la misma estructura básica que el perceptrón. La única diferencia es que la neurona lineal utiliza una función de transferencia lineal purelin.

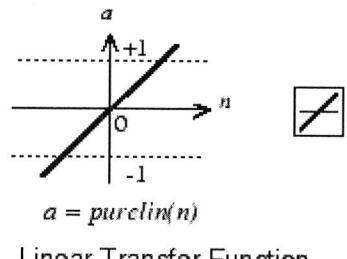

$$a = purelin(n)$$

Linear Transfer Function

La función de transferencia lineal calcula la salida de la neurona devolviendo simplemente el valor que se le ha pasado.

$$a = purelin(n) = purelin(\mathbf{W}p + b) = \mathbf{W}p + b$$

Esta neurona puede ser entrenada para aprender una función afín de sus entradas, o para encontrar una aproximación lineal a una función no lineal. Por supuesto, no se puede hacer que una red lineal realice un cálculo no lineal.

7.1.2 Arquitectura de la red

La red lineal que se muestra a continuación tiene una capa de S neuronas conectadas a R entradas a través de una matriz de pesos **W**.

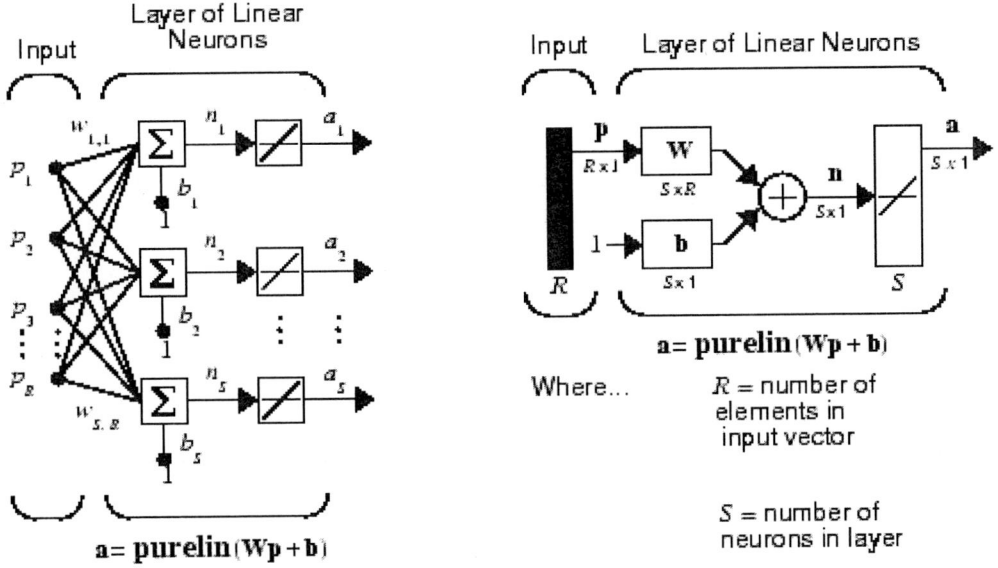

Obsérvese que la figura de la derecha define un vector de salida *de longitud* S **a**.

Se muestra una red lineal de una sola capa. Sin embargo, esta red es tan capaz como las redes lineales multicapa. Para cada red lineal multicapa, existe una red lineal monocapa equivalente.

7.1.3 Crear una neurona lineal (linearlayer)

Consideremos una única neurona lineal con dos entradas. La siguiente figura muestra el diagrama de esta red.

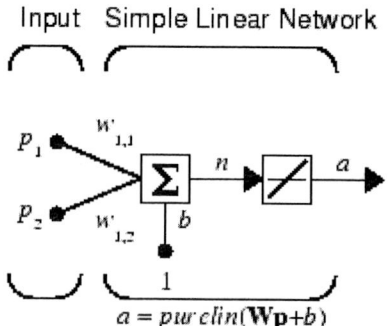

$$a = purelin(\mathbf{W}p+b)$$

La matriz de pesos $\mathbf{W}$ en este caso sólo tiene una fila. La salida de la red es

$$\alpha = purelin(n) = purelin(\mathbf{W}p+b) = \mathbf{W}p+b$$

o

$$\alpha = w_{1,1}p_1 + w_{1,2}p_2 + b$$

Al igual que el perceptrón, la red lineal tiene una frontera de *decisión* que está determinada por los vectores de entrada para los que la entrada de la red n es cero. Para $n = 0$, la ecuación $\mathbf{W}p + b = 0$ especifica dicho límite de decisión, como se muestra a continuación.

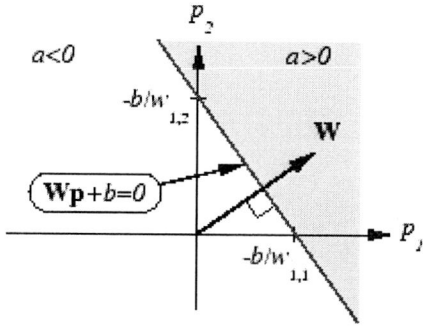

Los vectores de entrada en la zona gris superior derecha conducen a una salida mayor que 0. Los vectores de entrada en la zona blanca inferior izquierda conducen a una salida menor que 0. Así, la red lineal puede utilizarse para clasificar objetos en dos categorías. Sin embargo, sólo puede clasificar de este modo si los objetos son linealmente separables. Por tanto, la red lineal tiene la misma limitación que el perceptrón.

Puedes crear esta red usando linearlayer, y configurar sus dimensiones con dos valores para que la entrada tenga dos elementos y la salida uno.

```
net = linearlayer;
net = configure(net,[0;0],0);
```

Los pesos y los sesgos de la red están ajustados a cero por defecto. Puede ver los valores actuales con los comandos

```
W = net.IW{1,1}
W =
     0     0
```

y

```
b= net.b{1}
b =
     0
```

Sin embargo, puede dar a los pesos cualquier valor que desee, como 2 y 3, respectivamente, con

```
net.IW{1,1} = [2 3];
W = net.IW{1,1}
W =
     2     3
```

Puede ajustar y comprobar el sesgo de la misma manera.

```
net.b{1} = [-4];
b = net.b{1}
b =
     -4
```

Puede simular la red lineal para un vector de entrada concreto. Pruebe con

```
p = [5;6];
```

Puedes encontrar la salida de la red con la función sim.

```
a = net(p)
a =
     24
```

En resumen, puedes crear una red lineal con newlin, ajustar sus elementos como quieras y simularla con sim. Puedes encontrar más información sobre newlin escribiendo help newlin.

7.1.4 Error mínimo cuadrático medio

Al igual que la regla de aprendizaje del perceptrón, el algoritmo del mínimo error cuadrático medio (LMS) es un ejemplo de entrenamiento supervisado, en el que la regla de aprendizaje recibe un conjunto de ejemplos del comportamiento deseado de la red:

$$\{\mathbf{p}_1, \mathbf{t}_1\}, \{\mathbf{p}_2, \mathbf{t}_2\}, \dots \{\mathbf{p}_Q, \mathbf{t}_Q\}$$

Aquí $\mathbf{p}_q$ es una entrada a la red, y $\mathbf{t}_q$ es la salida correspondiente al objetivo. A medida que se aplica cada entrada a la red, la salida de la red se compara con el objetivo. El error se calcula como la diferencia entre la salida objetivo y la salida de la red. El objetivo es minimizar la media de la suma de estos errores.

$$mse = \frac{1}{Q}\sum_{k=1}^{Q} e(k)^2 = \frac{1}{Q}\sum_{k=1}^{Q} (t(k) - \alpha(k))^2$$

El algoritmo LMS ajusta los pesos y los sesgos de la red lineal para minimizar este error cuadrático medio.

Afortunadamente, el índice de rendimiento del error cuadrático medio para la red lineal es una función cuadrática. Así, el índice de rendimiento tendrá un mínimo global, un mínimo débil o ningún mínimo, dependiendo de las características de los vectores de entrada. En concreto, las características de los vectores de entrada determinan si existe o no una solución única.

7.1.5 Diseño de sistemas lineales (newlind)

A diferencia de la mayoría de las otras arquitecturas de red, las redes lineales de pueden diseñarse directamente si se conocen los pares de vectores de entrada/objetivo. Puede obtener valores específicos de red para los pesos y los sesgos para minimizar el error cuadrático medio utilizando la función newlind.

Supongamos que las entradas y los objetivos son

```
P = [1 2 3];
T= [2.0 4.1 5.9];
```

Ahora puedes diseñar una red.

```
net = newlind(P,T);
```

Puedes simular el comportamiento de la red para comprobar que el diseño se ha realizado correctamente.

```
Y = net(P)

Y =

    2.0500    4.0000    5.9500
```

Obsérvese que los resultados de la red se acercan bastante a los objetivos deseados.

Puedes probar con demolin1. Muestra las superficies de error para un problema concreto, ilustra el diseño y traza la solución diseñada.

También puede utilizar la función newlind para diseñar redes lineales que tengan retrasos en la entrada.

7.1.6 Redes lineales con retardo

Línea de retardo con toma

Se necesita un nuevo componente, la línea de retardo con toma de corriente, para aprovechar al máximo la red lineal. Dicha línea de retardo se muestra a continuación. En ella la señal de entrada entra por la izquierda y pasa por $N-1$ retardos. La salida de la línea de retardo con toma (TDL) es un vector *de N dimensiones*, formado por la señal de entrada en el momento actual, la señal de entrada anterior, etc.

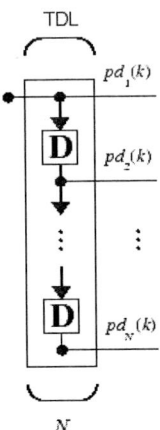

Filtro lineal

Se puede combinar una línea de retardo con una red lineal para crear el *filtro lineal mostrado*.

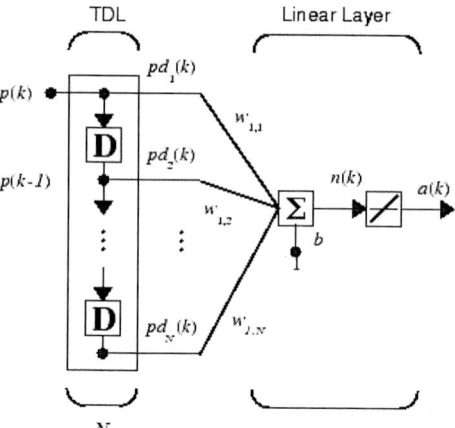

La salida del filtro viene dada por

$$\alpha(k) = purelin(\mathbf{Wp} + b) = \sum_{i=1}^{R} w_{1,i}\, p(k - i + 1) + b$$

La red mostrada se conoce en el campo del procesamiento digital de señales como un filtro de respuesta al impulso finito (FIR)

Supongamos que se desea una capa lineal que dé salida a la secuencia T, dada la secuencia P y dos estados iniciales de retardo de entrada Pi.

```
P = {1 2 1 3 3 2};
Pi = {1 3};
T = {5 6 4 20 7 8};
```

Puede utilizar newlind para diseñar una red con retardos para dar las salidas adecuadas a las entradas. Las salidas iniciales de retardo se suministran como un tercer argumento, como se muestra a continuación.

```
net = newlind(P,T,Pi);
```

Puede obtener la salida de la red diseñada con

```
Y = net(P,Pi)
```

para dar

```
Y = [2.7297] [10.5405] [5.0090] [14.9550] [10.7838] [5.9820]
```

Como puede ver, las salidas de la red no son exactamente iguales a los objetivos, pero están cerca y el error cuadrático medio se minimiza.

7.1.7 Algoritmo LMS (learnwh)

El algoritmo LMS, o algoritmo de aprendizaje de Widrow-Hoff, se basa en un procedimiento aproximado de descenso más pronunciado. También en este caso, las redes lineales se entrenan con ejemplos de comportamiento correcto.

Afortunadamente, hay una función de la caja de herramientas, learnwh, que hace todo el cálculo por ti. Calcula el cambio de pesos como

```
dw = lr*e*p'
```

y el cambio de sesgo como

```
db = lr*e
```

La constante 2, mostrada unas líneas más arriba, ha sido absorbida en el código de la tasa de aprendizaje lr. La función maxlinlr calcula esta tasa de aprendizaje estable máxima lr como 0,999 * P'*P.

Escriba help learnwh y help maxlinlr para obtener más detalles sobre estas dos funciones.

7.1.8 Entrenamiento de redes lineales (train)

Las redes lineales pueden entrenarse para realizar una clasificación lineal con la función train. Esta función aplica cada vector de un conjunto de vectores de entrada y calcula el peso de la red y los incrementos de sesgo debidos a cada una de las entradas según learnp. A continuación, la red se ajusta con la suma de todas estas correcciones. Cada pasada por los vectores de entrada se denomina *epoch*. Esto contrasta con adapt, que ajusta los pesos para cada vector de entrada a medida que se presenta.

Finalmente, train aplica las entradas a la nueva red, calcula las salidas, las compara con los objetivos asociados y calcula un error cuadrático medio. Si se cumple el objetivo de error, o si se alcanza el número máximo de épocas, el entrenamiento se detiene, y train devuelve la nueva red y un registro de entrenamiento. En caso contrario, train realiza otra epoch. Afortunadamente, el algoritmo LMS converge cuando se ejecuta este procedimiento.

Un problema sencillo ilustra este procedimiento. Consideremos la red lineal introducida anteriormente.

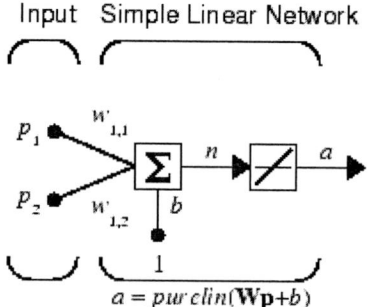

$$a = purelin(\mathbf{W}p+b)$$

Suponga que tiene el siguiente problema de clasificación.

$$\left\{ \mathbf{p}_1 = \begin{bmatrix} 2 \\ 2 \end{bmatrix}, t_1 = 0 \right\} \left\{ \mathbf{p}_2 = \begin{bmatrix} 1 \\ -2 \end{bmatrix}, t_2 = 1 \right\} \left\{ \mathbf{p}_3 = \begin{bmatrix} -2 \\ 2 \end{bmatrix}, t_3 = 0 \right\} \left\{ \mathbf{p}_4 = \begin{bmatrix} -1 \\ 1 \end{bmatrix}, t_4 = 1 \right\}$$

Aquí hay cuatro vectores de entrada, y se quiere una red que produzca la salida correspondiente a cada vector de entrada cuando se presente ese vector.

Utilice la función "entrenar" para obtener los pesos y los sesgos de una red que produzca los objetivos correctos para cada vector de entrada. Los pesos y sesgos iniciales de la nueva red son 0 por defecto. Establezca el objetivo de error en 0,1 en lugar de aceptar su valor predeterminado de 0.

```
P = [2 1 -2 -1;2 -2 2 1];

T = [0 1 0 1];

net = linearlayer;

net.trainParam.goal= 0.1;

net = train(net,P,T);
```

El problema se ejecuta durante 64 épocas, logrando un error cuadrático medio de 0,0999. Las nuevas ponderaciones y el sesgo son

```
weights = net.iw{1,1}

weights =

   -0.0615   -0.2194

bias = net.b(1)

bias =

   [0.5899]
```

Puede simular la nueva red como se muestra a continuación.

```
A = net(P)

A =

    0.0282    0.9672    0.2741    0.4320
```

También puedes calcular el error.

```
err = T - sim(net,P)

err =

   -0.0282    0.0328   -0.2741    0.5680
```

Obsérvese que los objetivos no se realizan con exactitud. El problema se habría ejecutado durante más tiempo en un intento de obtener resultados perfectos si se hubiera elegido un objetivo de error más pequeño, pero en este problema no es posible obtener un objetivo de 0. La red está limitada en su capacidad.

Este programa de ejemplo, demolin2, muestra el entrenamiento de una neurona lineal y traza la trayectoria del peso y el error durante el entrenamiento.

También puede intentar ejecutar el programa de ejemplo nnd10lc. Aborda un problema clásico e históricamente interesante, muestra cómo una red puede ser entrenada para clasificar varios patrones, y muestra cómo la red entrenada responde cuando se presentan patrones ruidosos.

7.1.9 Limitaciones y precauciones

Las redes lineales sólo pueden aprender relaciones lineales entre los vectores de entrada y salida. Por tanto, no pueden encontrar soluciones a algunos problemas. Sin embargo, aunque no exista una solución perfecta, la red lineal minimizará la suma de errores al cuadrado si la tasa de aprendizaje lr es suficientemente pequeña. La red encontrará una solución tan cercana como sea posible dada la naturaleza lineal de la arquitectura de la red. Esta propiedad se mantiene porque la superficie de error de una red lineal es una parábola multidimensional. Como las parábolas sólo tienen un mínimo, un algoritmo de descenso de gradiente (como la regla LMS) debe producir una solución en ese mínimo.

Las redes lineales tienen otras limitaciones. Algunas de ellas se comentan a continuación.

Sistemas sobredeterminados

Considere un sistema sobredeterminado . Supongamos que tenemos una red para entrenar con cuatro vectores de entrada de un elemento y cuatro objetivos. Es posible que no exista una solución perfecta para $wp + b = t$ para cada una de las entradas, ya que hay cuatro ecuaciones de restricción y sólo hay que ajustar un peso y un sesgo. Sin embargo, la regla LMS sigue minimizando el error. Puedes probar demolin4 para ver cómo se hace esto.

Sistemas indeterminados

Considere una sola neurona lineal con una entrada. Esta vez, en demolin5, entrénala con un solo vector de entrada de un elemento y su vector objetivo de un elemento:

```
P = [1.0];

T = [0.5];
```

Obsérvese que, mientras que sólo hay una restricción derivada del único par entrada/objetivo, hay dos variables, el peso y el sesgo. Tener más variables que restricciones da como resultado un problema subdeterminado con un número infinito de soluciones. Puedes probar demolin5 para explorar este tema.

Vectores linealmente dependientes

Normalmente es un trabajo sencillo determinar si una red lineal puede o no resolver un problema. Normalmente, si una red lineal tiene al menos tantos grados de libertad ($S *R + S$ = número de pesos y sesgos) como restricciones (Q = pares de vectores de entrada/objetivo), entonces la red puede resolver el problema. Esto es cierto excepto cuando los vectores de entrada son linealmente dependientes y se aplican a una red sin sesgos. En este caso, como se muestra con el ejemplo demolin6, la red no puede resolver el problema con error cero. Es posible que quieras probar demolin6.

Tasa de aprendizaje demasiado grande

Siempre se puede entrenar una red lineal con la regla de Widrow-Hoff para encontrar la solución de error mínimo para sus pesos y sesgos, siempre que la tasa de aprendizaje de sea lo suficientemente pequeña. El ejemplo demolin7 muestra lo que ocurre cuando una neurona con una entrada y un sesgo se entrena con una tasa de aprendizaje mayor que la recomendada por maxlinlr. La red se entrena con dos tasas de aprendizaje diferentes para mostrar los resultados de usar una tasa de aprendizaje demasiado grande.

7.2 RED NEURONAL HOPFIELD

7.2.1 Fundamentos

El objetivo aquí es diseñar una red que almacene un conjunto específico de puntos de equilibrio de tal manera que, cuando se proporciona una condición inicial, la red finalmente llegue a descansar en dicho punto de diseño. La red es recursiva en el sentido de que la salida se retroalimenta como la entrada, una vez que la red está en funcionamiento. Es de esperar que la salida de la red se sitúe en uno de los puntos de diseño originales.

El método de diseño presentado no es perfecto, ya que la red diseñada puede tener puntos de equilibrio no deseados, además de los deseados. Sin embargo, el método de diseño hace que el número de estos puntos no deseados sea lo más pequeño posible. Además, el dominio de atracción de los puntos de equilibrio diseñados es lo más grande posible.

El método de diseño se basa en un sistema de ecuaciones diferenciales ordinarias de primer orden que se definen en un hipercubo cerrado del espacio de estados. Las soluciones existen en la frontera del hipercubo. Estos sistemas tienen la estructura básica del modelo de Hopfield, pero son más fáciles de entender y diseñar que éste.

El material de esta sección se basa en el siguiente artículo: Jian-Hua Li, Anthony N. Michel, y Wolfgang Porod, "Analysis and synthesis of a class of neural networks: linear systems operating on a closed hypercube," *IEEE Trans. on Circuits and Systems*, Vol. 36, No. 11, November 1989, pp. 1405-22.

Para más información sobre las redes de Hopfield, véase el capítulo 18, "Red de Hopfield", de Hagan, Demuth y Beale.

7.2.2 Arquitectura

La arquitectura de la red Hopfield es la siguiente.

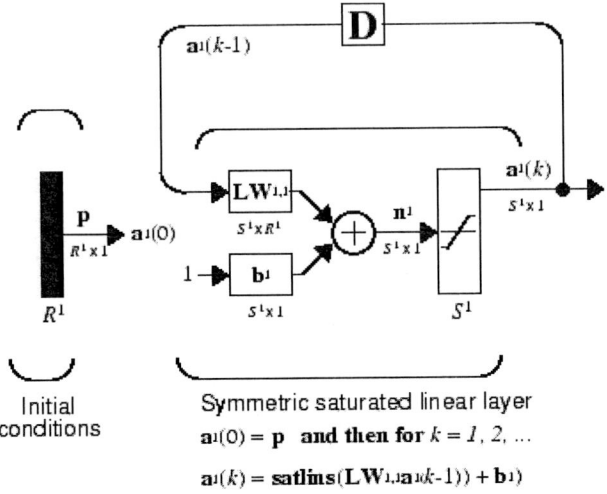

Initial conditions

Symmetric saturated linear layer

$a_1(0) = p$ **and then for** $k = 1, 2, \ldots$

$a_1(k) = \mathbf{satlins}(\mathbf{LW}_{1,1} a_1(k-1)) + b_1)$

Como se ha señalado, la *entrada* **p** de esta red sólo proporciona las condiciones iniciales.

La red Hopfield utiliza la función de transferencia lineal saturada satlins.

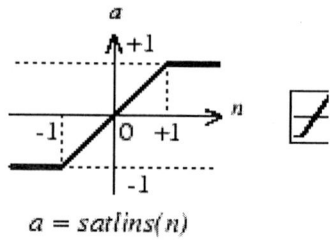

$$a = satlins(n)$$

Satlins Transfer Function

Para entradas menores a -1, Satlins produce -1. Para entradas en el rango de -1 a +1 simplemente devuelve el valor de la entrada. Para entradas mayores a +1 produce +1.

Esta red puede probarse con uno o varios vectores de entrada que se presentan como condiciones iniciales a la red. Una vez dadas las condiciones iniciales, la red produce una salida que se retroalimenta para convertirse en la entrada. Este proceso se repite una y otra vez hasta que la salida se estabiliza. Es de esperar que cada vector de salida converja finalmente a uno de los vectores del punto de equilibrio del diseño que más se acerque a la entrada que lo provocó.

7.2.3 Diseño (newhop)

Li et al. han estudiado un sistema que tiene la estructura básica de la red de Hopfield, pero que es, en palabras del propio Li, "más fácil de analizar, sintetizar e implementar que el modelo de Hopfield". Los autores están entusiasmados con el artículo de referencia, ya que tiene muchos puntos excelentes y es uno de los más legibles en el campo. Sin embargo, el diseño es matemáticamente complejo, e incluso una breve justificación del mismo sobrecargaría esta guía. Así, el método de diseño de Li se presenta, con agradecimiento a Li et al., como una receta que se encuentra en la función newhop.

Dado un conjunto de puntos de equilibrio objetivo representados como una matriz **T** de vectores, newhop devuelve pesos y sesgos para una red recursiva. Se garantiza que la red tiene puntos de equilibrio estables en los vectores objetivo, pero también podría contener otros puntos de equilibrio espurios. El método de diseño hace que el número de estos puntos no deseados sea lo más pequeño posible.

Una vez diseñada la red, se puede probar con uno o varios vectores de entrada. Es de esperar que los vectores de entrada cercanos a los puntos de equilibrio objetivo encuentren sus objetivos. Como sugiere la figura de la red, se presenta un conjunto de vectores de entrada de uno en uno o en lote. La red procede a dar vectores de salida que se retroalimentan como entradas. Estos vectores de salida pueden compararse con los vectores objetivo para ver cómo avanza la solución.

La capacidad de ejecutar lotes de vectores de entrada de prueba rápidamente le permite comprobar el diseño en un tiempo relativamente corto. En primer lugar, podría comprobar que los vectores de los puntos de equilibrio objetivo están realmente contenidos en la red. A continuación, podría probar otros vectores de entrada para determinar los dominios de atracción de los puntos de equilibrio objetivo y las ubicaciones de los puntos de equilibrio espurios si están presentes.

Considere el siguiente ejemplo de diseño. Supongamos que se quiere diseñar una red con dos puntos estables en un espacio tridimensional.

```
T = [-1 -1 1; 1 -1 1]'

T =

    -1      1

    -1     -1

     1      1
```

Puede ejecutar el diseño con

net = newhop(T);

A continuación, comprueba que la red diseñada se encuentra en estos dos puntos, como se indica a continuación. Como las redes de Hopfield no tienen entradas, el primer argumento de la red es una matriz de celdas vacía cuyas columnas indican el número de pasos de tiempo.

```
Ai = {T};

[Y,Pf,Af] = net(cell(1,2),{},Ai);

Y{2}
```

Esto le da

```
    -1      1

    -1     -1

     1      1
```

Por lo tanto, la red ha sido diseñada para ser estable en sus puntos de diseño. A continuación, puede probar otra condición de entrada que no sea un punto de diseño, como por ejemplo

```
Ai = {[-0.9; -0.8; 0.7]};
```

Este punto está razonablemente cerca del primer punto de diseño, por lo que se podría anticipar que la red convergería a ese primer punto. Para ver si esto sucede, ejecute el siguiente código.

```
[Y,Pf,Af] = net(cell(1,5),{},Ai);

Y{end}
```

Esto produce

```
-1

-1

 1
```

Por lo tanto, una condición original cercana a un punto de diseño sí convergió a ese punto.

Esta es, por supuesto, la esperanza de todas las entradas de este tipo. Por desgracia, incluso los diseños de Hopfield más conocidos incluyen ocasionalmente puntos estables no deseados que atraen la solución.

Ejemplo

Consideremos una red Hopfield con sólo dos neuronas. Cada neurona tiene un sesgo y pesos para acomodar vectores de entrada de dos elementos ponderados. Los puntos de equilibrio objetivo se definen para ser almacenados en la red como las dos columnas de la matriz **T**.

```
T = [1 -1; -1 1]'
T =

    1    -1

   -1     1
```

Aquí se muestra un gráfico del espacio de estados de Hopfield con los dos puntos estables marcados con *.

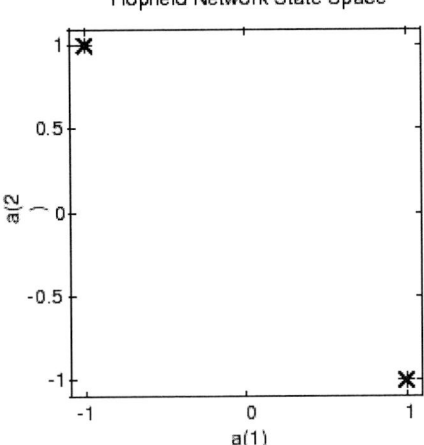

Estos puntos estables objetivo se dan a newhop para obtener pesos y sesgos de una red Hopfield.

```
net = newhop(T);
```

El diseño devuelve un conjunto de pesos y un sesgo para cada neurona. Los resultados se obtienen a partir de

```
W = net.LW{1,1}
```

que da

```
W =

      0.6925    -0.4694

     -0.4694     0.6925
```

y de

```
b = net.b{1,1}
```

que da

```
b =

      0

      0
```

A continuación, pruebe el diseño con los vectores objetivo **T** para ver si se almacenan en la red. Los objetivos se utilizan como entradas para la función de simulación sim.

```
Ai = {T};

[Y,Pf,Af] = net(cell(1,2),{},Ai);

Y = Y{end}

ans =

    1    -1

   -1     1
```

Como se esperaba, las nuevas salidas de la red son los vectores objetivo. La solución se mantiene en sus condiciones iniciales después de una sola actualización y, por tanto, permanecerá ahí durante cualquier número de actualizaciones.

Ahora te preguntarás cómo se comporta la red con varios vectores de entrada aleatorios. Aquí tienes un gráfico que muestra los caminos que la red tomó a través de su espacio de estados para llegar a un punto objetivo.

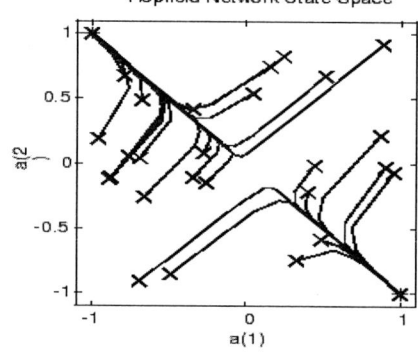

Este gráfico muestra las trayectorias de la solución para varios puntos de partida. Puedes probar el ejemplo demohop1 para ver más de este tipo de comportamiento de la red.

Las redes de Hopfield pueden diseñarse para un número arbitrario de dimensiones. Puedes probar con demohop3 para ver un diseño tridimensional.

Por desgracia, las redes de Hopfield pueden tener tanto puntos de equilibrio inestables como puntos estables espurios. Puedes probar los ejemplos demohop2 y demohop4 para investigar estos problemas.

7.2.4 Resumen

Las redes de Hopfield pueden actuar como redes de corrección de errores o de categorización de vectores. Los vectores de entrada se utilizan como condiciones iniciales de la red, que se actualiza de forma recurrente hasta alcanzar un vector de salida estable.

Las redes de Hopfield son interesantes desde un punto de vista teórico, pero rara vez se utilizan en la práctica. Incluso los mejores diseños de Hopfield pueden tener puntos estables espurios que conducen a respuestas incorrectas. Existen técnicas de corrección de errores más eficaces y fiables, como la retropropagación.

7.3 DISEÑO DE PREDICCIÓN LINEAL EJEMPLO

Este ejemplo ilustra cómo diseñar una neurona lineal para predecir el siguiente valor de una serie temporal dados los últimos cinco valores.

7.3.1 Definir una forma de onda

Aquí el tiempo se define de 0 a 5 segundos en pasos de 1/40 de segundo.

```
time = 0:0.025:5;
```

Podemos definir una señal con respecto al tiempo.

```
signal = sin(time*4*pi);
plot(time,signal)
xlabel('Time');
ylabel('Signal');
title('Signal to be Predicted');
```

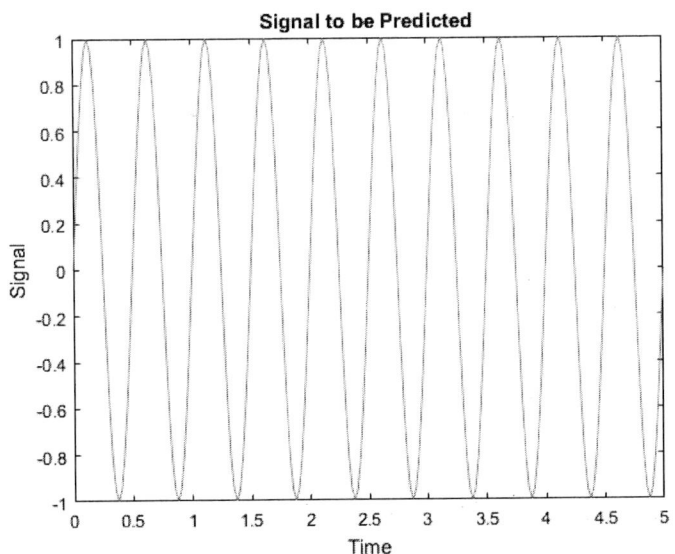

7.3.2 Configuración del problema para una red neuronal

La señal convertida se convierte entonces en una matriz de celdas. Las redes neuronales representan los pasos de tiempo como columnas de una matriz de celdas, y los distinguen de las diferentes muestras en un momento dado, que se representan con columnas de matrices.

```
signal = con2seq(signal);
```

Para plantear el problema utilizaremos los cuatro primeros valores de la señal como estados iniciales de retardo de entrada, y el resto, excepto el último paso, como entradas.

```
Xi = signal(1:4);
X = signal(5:(end-1));
timex = time(5:(end-1));
```

Los objetivos se definen ahora para que coincidan con las entradas, pero desplazados antes un paso de tiempo.

T = señal(6:fin);

7.3.3 Diseño de la capa lineal

La función **newlind** diseñará ahora una capa lineal con una sola neurona que predice el siguiente paso de tiempo de la señal dados los valores actuales y cuatro pasados.

```
net = newlind(X,T,Xi);
view(net)
```

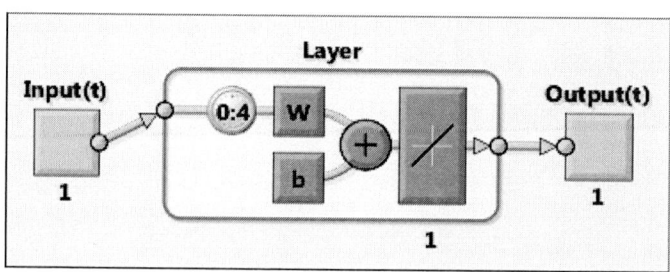

7.3.4 Prueba de la capa lineal

Ahora se puede llamar a la red como una función sobre las entradas y los estados retardados para obtener su respuesta temporal.

```
Y = net(X,Xi);
```

La señal de salida se traza con los objetivos.

```
figure
plot(timex,cell2mat(Y),timex,cell2mat(T),'+')
xlabel('Time');
ylabel('Output -  Target +');
title('Output and Target Signals');
```

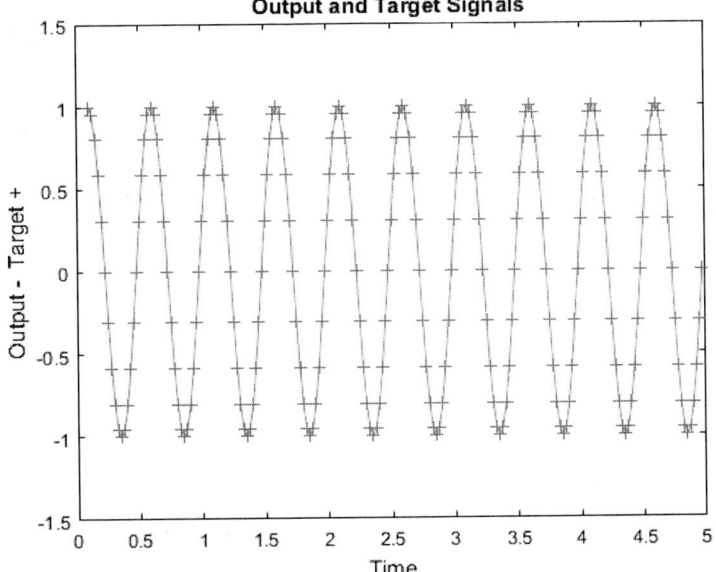

El error también se puede representar gráficamente.

```
figure
E = cell2mat(T)-cell2mat(Y);
plot(timex,E,'r')
hold off
xlabel('Time');
ylabel('Error');
title('Error Signal');
```

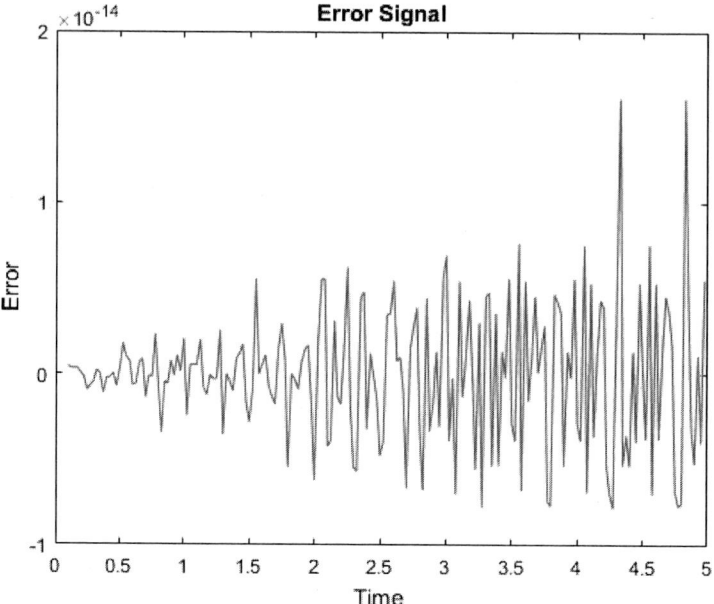

Fíjate en lo pequeño que es el error.

Este ejemplo ilustra cómo diseñar una red lineal dinámica que pueda predecir el próximo valor de una señal a partir de los valores actuales y pasados.

7.4 PREDICCIÓN LINEAL ADAPTATIVA EJEMPLO

Este ejemplo ilustra cómo una capa lineal adaptativa puede aprender a predecir el siguiente valor de una señal, dados los valores actuales y los cuatro últimos.

7.4.1 Definir una forma de onda

Aquí se definen dos segmentos de tiempo de 0 a 6 segundos en pasos de 1/40 de segundo.

```
time1 = 0:0.025:4;      % from 0 to 4 seconds
time2 = 4.025:0.025:6;  % from 4 to 6 seconds
time = [time1 time2];   % from 0 to 6 seconds
```

Se trata de una señal que comienza en una frecuencia pero que luego pasa a otra.

```
signal = [sin(time1*4*pi) sin(time2*8*pi)];
plot(time,signal)
xlabel('Time');
ylabel('Signal');
title('Signal to be Predicted');
```

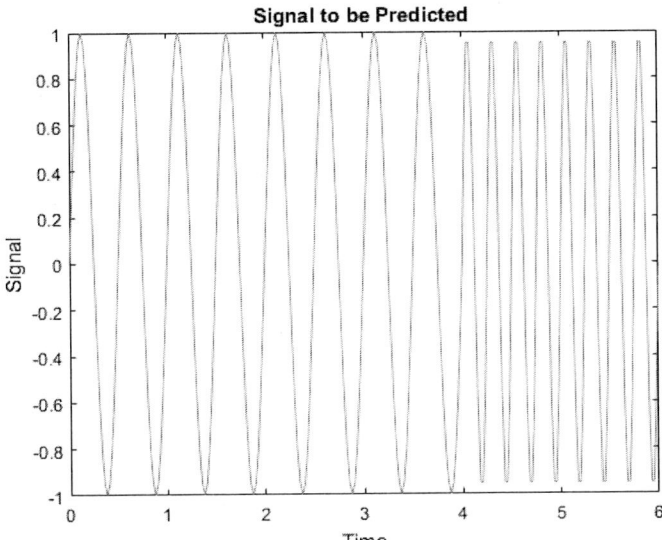

7.4.2 Configuración del problema para una red neuronal

La señal convertida se convierte entonces en una matriz de celdas. Las redes neuronales representan los pasos de tiempo como columnas de una matriz de celdas, y los distinguen de las diferentes muestras en un momento dado, que se representan con columnas de matrices.

```
signal = con2seq(signal);
```

Para plantear el problema utilizaremos los cinco primeros valores de la señal como estados iniciales de retardo de entrada, y el resto para las entradas.

```
Xi = signal(1:5);
X = signal(6:end);
timex = time(6:end);
```

Los objetivos se definen ahora para que coincidan con las entradas. La red debe predecir la entrada actual, utilizando únicamente los últimos cinco valores.

```
T = signal(6:end);
```

7.4.3 Creación de la capa lineal

La función **linearlayer** crea una capa lineal con una sola neurona con un retardo de toma de las últimas cinco entradas.

```
net = linearlayer(1:5,0.1);
view(net)
```

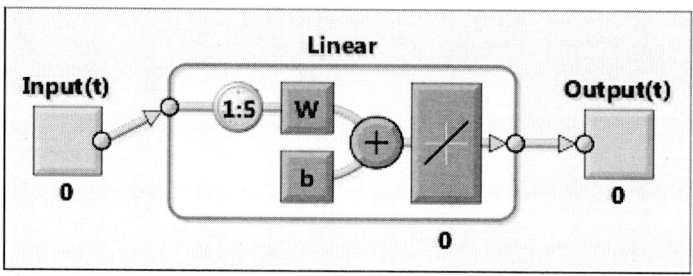

7.4.4 Adaptación de la capa lineal

La función *adapt* simula la red en la entrada, mientras que ajustando sus pesos y sesgos después de cada paso de tiempo en respuesta al grado de coincidencia de su resultado con el objetivo.

Devuelve las redes de actualización, sus salidas y sus errores.

```
[net,Y] = adapt(net,X,T,Xi);
```

La señal de salida se traza con los objetivos.

```
figure
plot(timex,cell2mat(Y),timex,cell2mat(T),'+')
xlabel('Time');
ylabel('Output -  Target +');
title('Output and Target Signals');
```

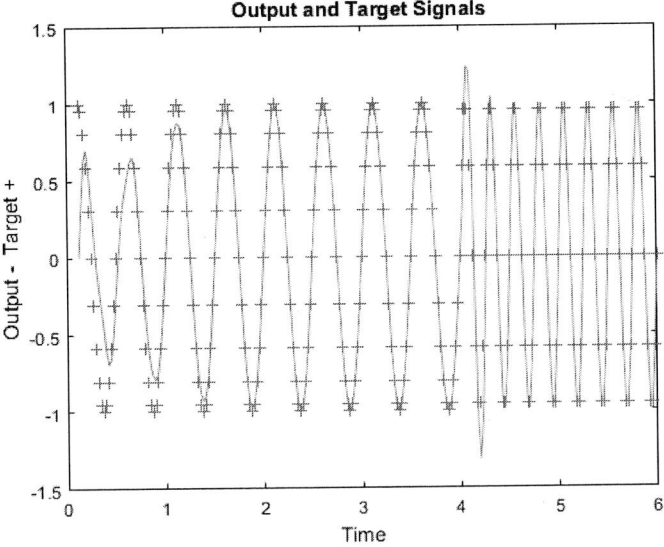

El error también se puede representar gráficamente.

```
figure
E = cell2mat(T)-cell2mat(Y);
plot(timex,E,'r')
hold off
xlabel('Time');
ylabel('Error');
title('Error Signal');
```

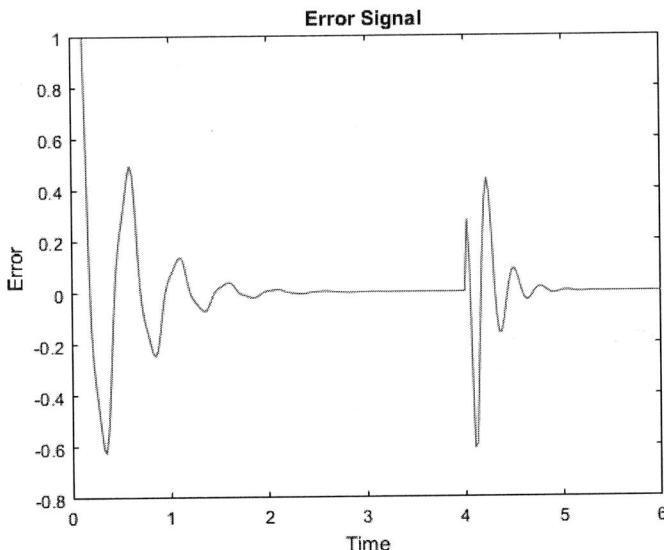

Obsérvese lo pequeño que es el error, salvo los errores iniciales, y que la red aprende el comportamiento de los sistemas al principio y después de la transición del sistema.

Este ejemplo ilustra cómo simular una red lineal adaptativa que puede predecir el próximo valor de una señal a partir de los valores actuales y pasados a pesar de los cambios en el comportamiento de las señales.

7.5 DISEÑO DE DOS NEURONAS HOPFIELD. EJEMPLO

Se diseña una red de Hopfield formada por dos neuronas con dos puntos de equilibrio estables y se simula utilizando las funciones anteriores.

Queremos obtener una red de Hopfield que tenga los dos puntos estables definidos por los dos vectores objetivo (columna) en T.

```
T = [+1 -1; ...
     -1 +1];
```

Este es un gráfico en el que los puntos estables se muestran en las esquinas. Todos los estados posibles de la red Hopfield de 2 neuronas están contenidos dentro de los límites del gráfico.

```
plot(T(1,:),T(2,:),'r*')
axis([-1.1 1.1 -1.1 1.1])
title('Hopfield Network State Space')
xlabel('a(1)');
ylabel('a(2)');
```

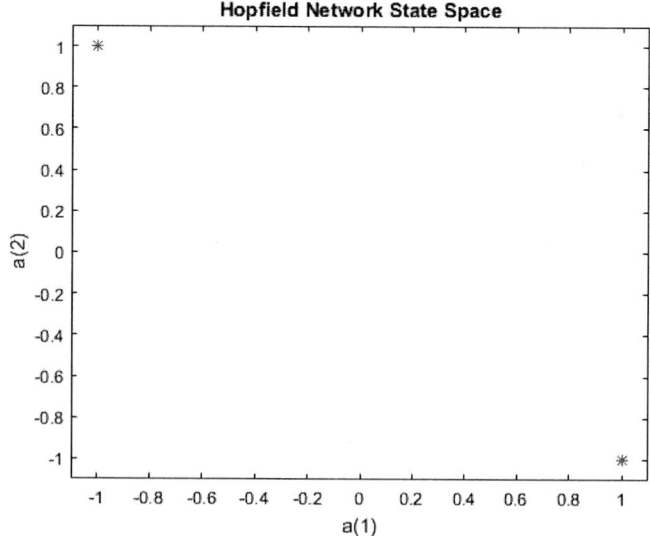

La función NEWHOP crea redes de Hopfield dados los puntos estables T.

```
net = newhop(T);
```

Primero comprobamos que los vectores objetivo son realmente estables. Para ello, le damos los vectores objetivo a la red de Hopfield. Debería devolver los dos objetivos sin cambios, y de hecho lo hace.

```
[Y,Pf,Af] = net([],[],T);
Y
Y =
```

```
     1    -1
    -1     1
```

Aquí definimos un punto de partida aleatorio y simulamos la red Hopfield durante 20 pasos. Debe alcanzar uno de sus puntos estables.

```
a = {rands(2,1)};
[y,Pf,Af] = net({20},{},a);
```

Podemos hacer un gráfico de la actividad de las redes de Hopfield.

Por supuesto, la red termina en las esquinas superior izquierda o inferior derecha de la parcela.

```
record = [cell2mat(a) cell2mat(y)];
start = cell2mat(a);
hold on
plot(start(1,1),start(2,1),'bx',record(1,:),record(2,:))
```

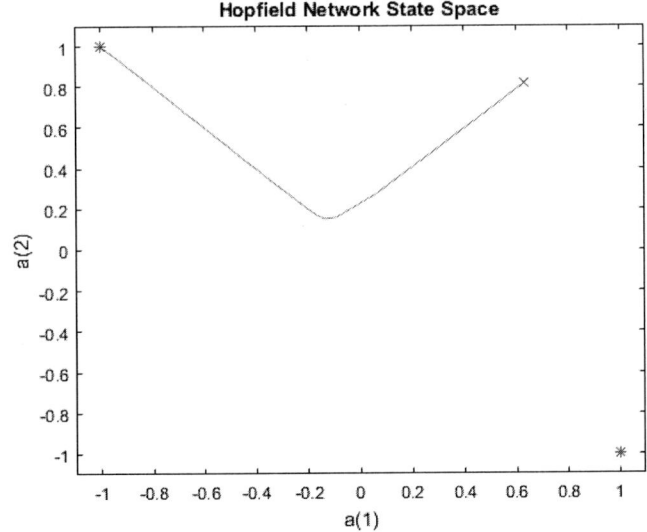

Repetimos la simulación para otras 25 condiciones iniciales.

Obsérvese que si la red de Hopfield empieza más cerca de la parte superior izquierda, irá a la parte superior izquierda, y viceversa. Esta capacidad de encontrar la memoria más cercana a una entrada inicial es lo que hace útil a la red de Hopfield.

```
color = 'rgbmy';
for i=1:25
    a = {rands(2,1)};
    [y,Pf,Af] = net({20},{},a);
    record=[cell2mat(a) cell2mat(y)];
    start=cell2mat(a);

plot(start(1,1),start(2,1),'kx',record(1,:),record(2,:),color(rem(i
,5)+1))
end
```

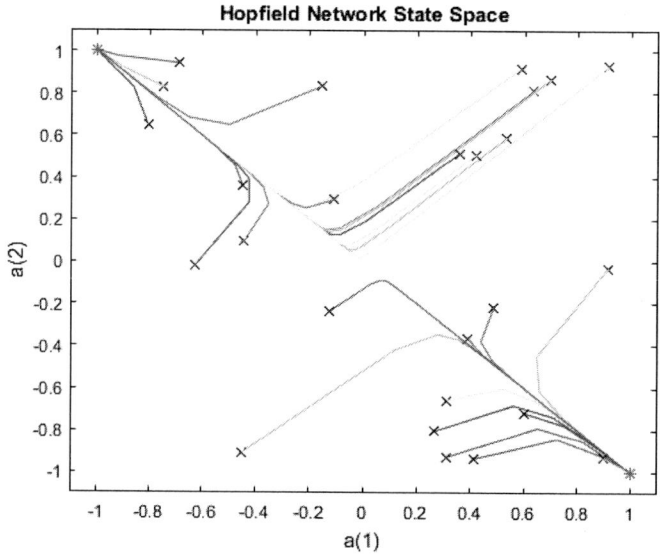

7.6 EQUILIBRIOS INESTABLES DE HOPFIELD. EJEMPLO

Una red de Hopfield se diseña con puntos estables objetivo. Sin embargo, aunque NEWHOP encuentra una solución con el mínimo número de puntos estables no especificados, éstos aparecen con frecuencia. Se demuestra que la red Hopfield diseñada aquí tiene un punto de equilibrio no deseado. Sin embargo, estos puntos son inestables en el sentido de que cualquier ruido en el sistema hará que la red salga de ellos.

Queremos obtener una red de Hopfield que tenga los dos puntos estables definidos por los dos vectores objetivo (columna) en T.

```
T = [+1 -1; ...
     -1 +1];
```

Este es un gráfico en el que los puntos estables se muestran en las esquinas. Todos los estados posibles de la red Hopfield de 2 neuronas están contenidos dentro de los límites del gráfico.

```
plot(T(1,:),T(2,:),'r*')
axis([-1.1 1.1 -1.1 1.1])
title('Hopfield Network State Space')
xlabel('a(1)');
ylabel('a(2)');
```

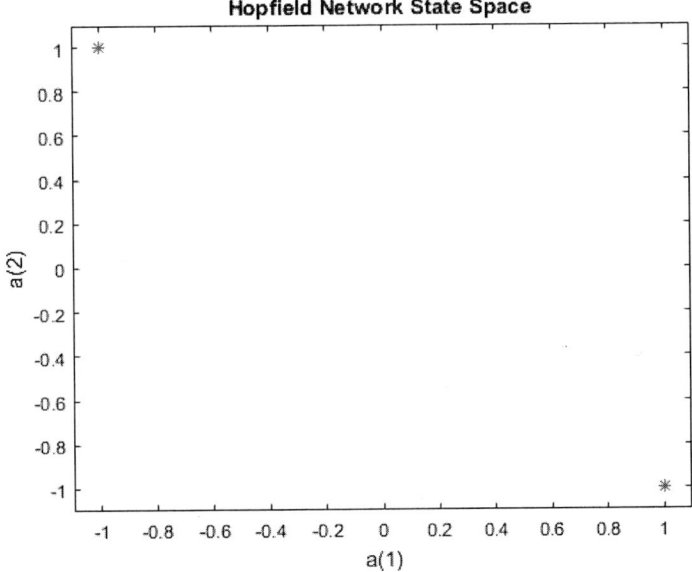

La función NEWHOP crea redes de Hopfield dados los puntos estables T.

```
net = newhop(T);
```

Aquí definimos un punto de partida aleatorio y simulamos la red Hopfield durante 50 pasos. Debe alcanzar uno de sus puntos estables.

```
a = {rands(2,1)};
[y,Pf,Af] = net({1 50},{},a);
```

Podemos hacer un gráfico de la actividad de las redes de Hopfield.

Por supuesto, la red termina en las esquinas superior izquierda o inferior derecha de la parcela.

```
record = [cell2mat(a) cell2mat(y)];
start = cell2mat(a);
hold on
plot(start(1,1),start(2,1),'bx',record(1,:),record(2,:))
```

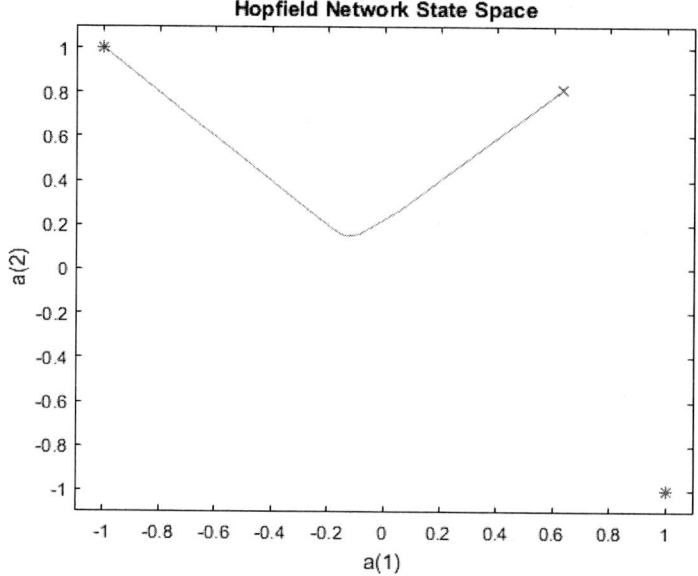

Por desgracia, la red tiene puntos estables no deseados en lugares distintos de las esquinas. Podemos ver esto cuando simulamos el Hopfield para los cinco pesos iniciales, P.

Estos puntos se encuentran exactamente entre los dos puntos estables deseados. El resultado es que todos ellos se desplazan al centro del espacio de estados, donde existe un punto estable no deseado.

```
plot(0,0,'ko');
P = [-1.0 -0.5 0.0 +0.5 +1.0;
     -1.0 -0.5 0.0 +0.5 +1.0];
color = 'rgbmy';
for i=1:5
    a = {P(:,i)};
    [y,Pf,Af] = net({1 50},{},a);
    record=[cell2mat(a) cell2mat(y)];
    start = cell2mat(a);

plot(start(1,1),start(2,1),'kx',record(1,:),record(2,:),color(rem(i
,5)+1))
    drawnow
end
```

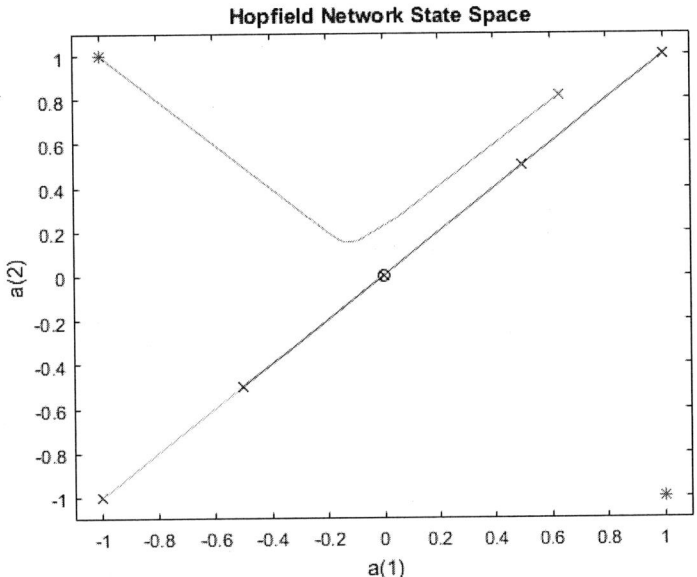

7.7 DISEÑO DE TRES NEURONAS DE HOPFIELD. EJEMPLO

Se diseña una red de Hopfield con puntos estables objetivo. Se estudia el comportamiento de la red Hopfield para diferentes condiciones iniciales.

Queremos obtener una red de Hopfield que tenga los dos puntos estables definidos por los dos vectores objetivo (columna) en T.

```
T = [+1 +1; ...
     -1 +1; ...
     -1 -1];
```

Este es un gráfico en el que los puntos estables se muestran en las esquinas. Todos los estados posibles de la red Hopfield de 2 neuronas están contenidos dentro de los límites del gráfico.

```
axis([-1 1 -1 1 -1 1])
gca.box = 'on';
axis manual;
hold on;
plot3(T(1,:),T(2,:),T(3,:),'r*')
title('Hopfield Network State Space')
xlabel('a(1)');
ylabel('a(2)');
zlabel('a(3)');
view([37.5 30]);
```

Hopfield Network State Space

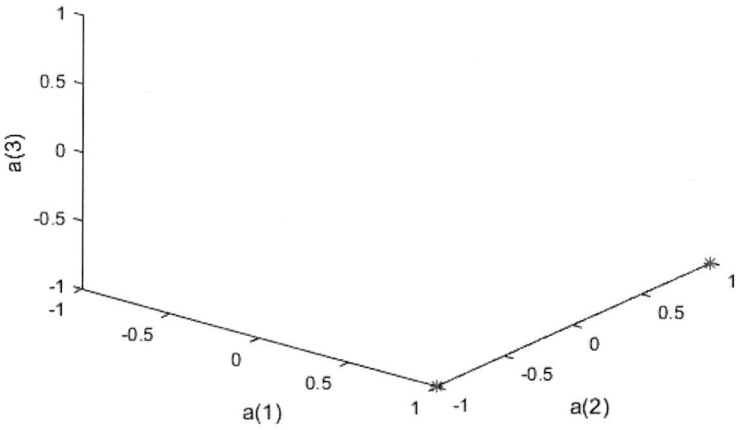

La función NEWHOP crea redes de Hopfield dados los puntos estables T.

```
net = newhop(T);
```

Aquí definimos un punto de partida aleatorio y simulamos la red Hopfield durante 50 pasos. Debe alcanzar uno de sus puntos estables.

```
a = {rands(3,1)};
[y,Pf,Af] = net({1 10},{},a);
```

Podemos hacer un gráfico de la actividad de las redes de Hopfield.

Con seguridad, la red termina en un punto estable diseñado en la esquina.

```
record = [cell2mat(a) cell2mat(y)];
start = cell2mat(a);
hold on
plot3(start(1,1),start(2,1),start(3,1),'bx', ...
    record(1,:),record(2,:),record(3,:))
```

Hopfield Network State Space

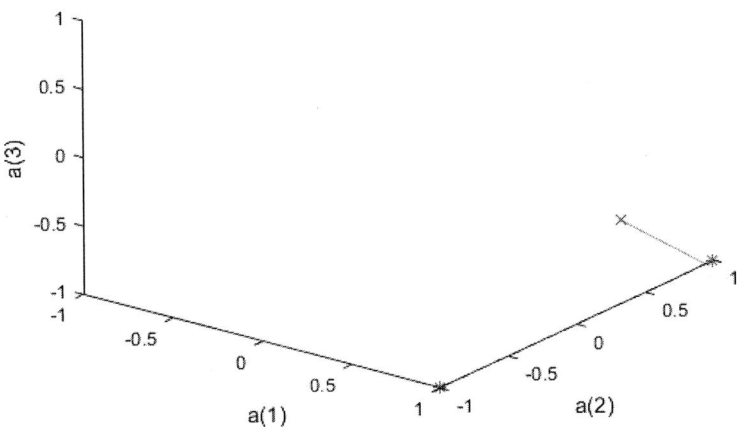

Repetimos la simulación para otras 25 condiciones iniciales generadas aleatoriamente.

```
color = 'rgbmy';
for i = 1:25
    a = {rands(3,1)};
    [y,Pf,Af] = net({1 10},{},a);
    record = [cell2mat(a) cell2mat(y)];
    start = cell2mat(a);
    plot3(start(1,1),start(2,1),start(3,1),'kx', ...
        record(1,:),record(2,:),record(3,:),color(rem(i,5)+1))
end
```

Hopfield Network State Space

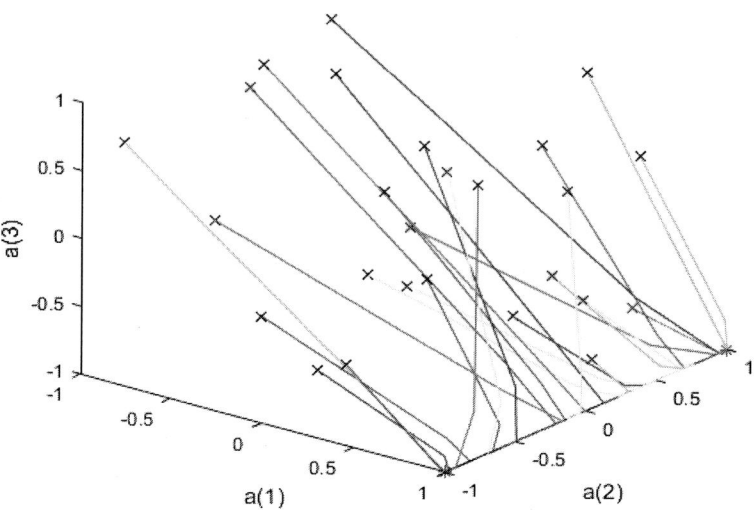

Ahora simulamos el Hopfield para las siguientes condiciones iniciales, cada una de ellas un vector columna de P.

Estos puntos estaban exactamente entre los dos puntos estables deseados. El resultado es que todos ellos se desplazan al centro del espacio de estados, donde existe un punto estable no deseado.

```
P = [ 1.0  -1.0  -0.5  1.00  1.00  0.0; ...
      0.0   0.0   0.0  0.00  0.00 -0.0; ...
     -1.0   1.0   0.5 -1.01 -1.00  0.0];
cla
plot3(T(1,:),T(2,:),T(3,:),'r*')
color = 'rgbmy';
for i = 1:6
   a = {P(:,i)};
   [y,Pf,Af] = net({1 10},{},a);
   record = [cell2mat(a) cell2mat(y)];
   start = cell2mat(a);
   plot3(start(1,1),start(2,1),start(3,1),'kx', ...
      record(1,:),record(2,:),record(3,:),color(rem(i,5)+1))
end
```

Hopfield Network State Space

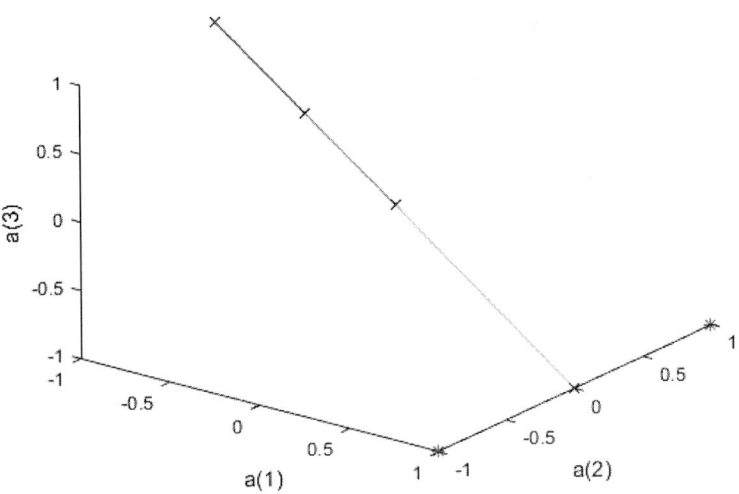

7.8 PUNTOS ESTABLES ESPURIOS DE HOPFIELD EJEMPLO

Una red Hopfield con cinco neuronas está diseñada para tener cuatro equilibrios estables. Sin embargo, inevitablemente, tiene otros equilibrios no deseados.

Queremos obtener una red de Hopfield que tenga los cuatro puntos estables definidos por los dos vectores objetivo (columna) en T.

```
T = [+1 +1 -1 +1; ...
     -1 +1 +1 -1; ...
     -1 -1 -1 +1; ...
     +1 +1 +1 +1; ...
     -1 -1 +1 +1];
```

La función NEWHOP crea redes de Hopfield dados los puntos estables T.

net = newhop(T);

Aquí definimos 4 puntos de partida aleatorios y simulamos la red Hopfield durante 50 pasos.

Algunas condiciones iniciales conducirán a puntos estables deseados. Otras conducirán a puntos estables no deseados.

P = {rands(5,4)};

```
P = {rands(5,4)};
[Y,Pf,Af] = net({4 50},{},P);
Y{end}
ans =

        1      -1      1       1
        1      -1      1      -1
       -1      -1      1       1
        1       1      1       1
       -1       1      1       1
```

HERRAMIENTAS DE APRENDIZAJE PROFUNDO.

ARQUITECTURA DE REDES NEURONALES:

REDES NEURONALES PERSONALIZADAS

8.1 CREAR UN OBJETO DE RED NEURONAL

La forma más sencilla de crear una red neuronal es utilizar una de las funciones de creación de redes. Para investigar cómo se hace esto, puedes crear una red simple, de dos capas, de tipo feedforward, usando el comando feedforwardnet:

```
net = feedforwardnet

net =

Neural Network

              name: 'Feed-Forward Neural Network'
          userdata: (your custom info)

    dimensions:

          numInputs: 1
          numLayers: 2
         numOutputs: 1
     numInputDelays: 0
     numLayerDelays: 0
  numFeedbackDelays: 0
  numWeightElements: 10
         sampleTime: 1
```

```
      biasConnect: [1; 1]
     inputConnect: [1; 0]
     layerConnect: [0 0; 1 0]
    outputConnect: [0 1]


  subobjects:

           inputs: {1x1 cell array of 1 input}
           layers: {2x1 cell array of 2 layers}
          outputs: {1x2 cell array of 1 output}
           biases: {2x1 cell array of 2 biases}
     inputWeights: {2x1 cell array of 1 weight}
     layerWeights: {2x2 cell array of 1 weight}


  functions:

          adaptFcn: 'adaptwb'
        adaptParam: (none)
          derivFcn: 'defaultderiv'
         divideFcn: 'dividerand'
       divideParam: .trainRatio, .valRatio, .testRatio
        divideMode: 'sample'
           initFcn: 'initlay'
        performFcn: 'mse'
      performParam: .regularization, .normalization
          plotFcns: {'plotperform', plottrainstate, ploterrhist,
                    plotregression}
        plotParams: {1x4 cell array of 4 params}
          trainFcn: 'trainlm'
        trainParam: .showWindow, .showCommandLine, .show, .epochs,
                    .time,  .goal,  .min_grad,  .max_fail,  .mu,
.mu_dec,
                    .mu_inc, .mu_max


  weight and bias values:

               IW: {2x1 cell} containing 1 input weight matrix
               LW: {2x2 cell} containing 1 layer weight matrix
                b: {2x1 cell} containing 2 bias vectors


  methods:

            adapt: Learn while in continuous use
        configure: Configure inputs & outputs
           gensim: Generate Simulink model
             init: Initialize weights & biases
```

```
      perform: Calculate performance
          sim: Evaluate network outputs given inputs
        train: Train network with examples
         view: View diagram
  unconfigure: Unconfigure inputs & outputs

     evaluate:        outputs = net(inputs)
```

Esta pantalla es una visión general del objeto red, que se utiliza para almacenar toda la información que define una red neuronal. Hay muchos detalles aquí, pero hay algunas secciones clave que pueden ayudarte a ver cómo está organizado el objeto de red.

La sección de dimensiones almacena la estructura general de la red. Aquí puedes ver que hay una entrada a la red (aunque la única entrada puede ser un vector que contenga muchos elementos), una salida de red y dos capas.

La sección de conexiones almacena las conexiones entre los componentes de la red. Por ejemplo, hay un sesgo conectado a cada capa, la entrada está conectada a la capa 1, y la salida proviene de la capa 2. También puedes ver que la capa 1 está conectada a la capa 2. (Las filas de net.layerConnect representan la capa de destino, y las columnas representan la capa de origen. Un uno en esta matriz indica una conexión, y un cero indica que no hay conexión. Para este ejemplo, hay un solo uno en el elemento 2,1 de la matriz).

Los subobjetos clave del objeto red son los siguientes:

`inputs, layers, outputs, biases, inputWeights, and layerWeights.`

```
net.layers{1}
Neural Network Layer

            name: 'Hidden'
      dimensions: 10
     distanceFcn: (none)
   distanceParam: (none)
       distances: []
         initFcn: 'initnw'
     netInputFcn: 'netsum'
   netInputParam: (none)
       positions: []
           range: [10x2 double]
            size: 10
     topologyFcn: (none)
     transferFcn: 'tansig'
   transferParam: (none)
        userdata: (your custom info)
```

El número de neuronas de una capa viene dado por su propiedad de tamaño. En este caso, la capa tiene 10 neuronas, que es el tamaño por defecto del comando feedforwardnet. La función de entrada de la red es netsum (suma) y la función de transferencia es tansig. Si quisieras cambiar la función de transferencia a logsig, por ejemplo, podrías ejecutar el comando

net.layers{1}.transferFcn = 'logsig';

Para ver el subobjeto layerWeights para el peso entre la capa 1 y la capa 2, utilice el comando

```
net.layerWeights{2,1}

Neural Network Weight

            delays: 0
           initFcn: (none)
        initConfig: .inputSize
             learn: true
          learnFcn: 'learngdm'
        learnParam: .lr, .mc
              size: [0 10]
         weightFcn: 'dotprod'
       weightParam: (none)
          userdata: (your custom info)
```

La función de peso es dotprod, que representa la multiplicación estándar de matrices (producto punto). Tenga en cuenta que el tamaño del peso de esta capa es de 0 por 10. La razón por la que tenemos cero filas es porque la red aún no ha sido configurada para un conjunto de datos en particular. El número de neuronas de salida es igual al número de filas de su vector objetivo. Durante el proceso de configuración, proporcionará a la red entradas y objetivos de ejemplo, y entonces se podrá asignar el número de neuronas de salida.

Esto le da una idea de cómo está organizado el objeto de red. Para muchas aplicaciones, no tendrá que preocuparse de hacer cambios directamente en el objeto de red, ya que de eso se encargan las funciones de creación de la red. Por lo general, sólo es necesario acceder al objeto de red directamente cuando se desea anular los valores predeterminados del sistema. Otros temas mostrarán cómo se hace esto para redes y métodos de entrenamiento particulares.

Para investigar el objeto de red con más detalle, puede encontrar que los listados de objetos, como el que se muestra arriba, contienen enlaces de ayuda sobre cada subobjeto. Haga clic en los enlaces y podrá investigar selectivamente las partes del objeto que le interesen.

8.2 CONFIGURAR LAS ENTRADAS Y SALIDAS DE LA RED NEURONAL

Una vez creada la red neuronal, hay que configurarla. El paso de configuración consiste en examinar los datos de entrada y de destino, establecer los tamaños de entrada y salida de la red para que se ajusten a los datos, y elegir los ajustes para procesar las entradas y salidas que permitan el mejor rendimiento de la red. El paso de configuración se realiza normalmente de forma automática, cuando se llama a la función de entrenamiento. Sin embargo, puede hacerse manualmente, utilizando la función de configuración. Por ejemplo, para configurar la red que creó anteriormente para aproximar una función seno, emita los siguientes comandos:

```
p = -2:.1:2;

t = sin(pi*p/2);

net1 = configure(net,p,t);
```

Ha proporcionado a la red un conjunto de entradas y objetivos de ejemplo (salidas deseadas de la red). Con esta información, la función de configuración puede establecer los tamaños de entrada y salida de la red para que coincidan con los datos.

Después de la configuración, si se mira de nuevo el peso entre la capa 1 y la capa 2, se puede ver que la dimensión del peso es 1 por 20. Esto se debe a que el objetivo de esta red es un escalar.

```
net1.layerWeights{2,1}

   Neural Network Weight

        delays: 0

       initFcn: (none)

    initConfig: .inputSize

         learn: true

      learnFcn: 'learngdm'

    learnParam: .lr, .mc

          size: [1 10]

     weightFcn: 'dotprod'

   weightParam: (none)

      userdata: (your custom info)
```

Además de establecer las dimensiones adecuadas para los pesos, el paso de configuración también define los ajustes para el procesamiento de las entradas y salidas. El procesamiento de las entradas puede situarse en el subobjeto de entradas:

```
net1.inputs{1}

    Neural Network Input

              name: 'Input'
    feedbackOutput: []
        processFcns: {'removeconstantrows', mapminmax}
     processParams: {1x2 cell array of 2 params}
   processSettings: {1x2 cell array of 2 settings}
    processedRange: [1x2 double]
     processedSize: 1
              range: [1x2 double]
               size: 1
           userdata: (your custom info)
```

Antes de que la entrada se aplique a la red, será procesada por dos funciones: removeconstantrows y mapminmax. Estas funciones se discuten completamente en Redes Neuronales Multicapa y Entrenamiento por Retropropagación, por lo que no trataremos los detalles aquí. Estas funciones de procesamiento pueden tener algunos parámetros de procesamiento, que están contenidos en el subobjeto net1.inputs{1}.processParam. Estos tienen valores por defecto que se pueden anular. Las funciones de procesamiento también pueden tener parámetros de configuración que dependen de los datos de muestra. Estos están contenidos en net1.inputs{1}.processSettings y se establecen durante el proceso de configuración. Por ejemplo, la función mapminmaxprocessing normaliza los datos para que todas las entradas estén en el rango [-1, 1]. Sus ajustes de configuración incluyen los valores mínimos y máximos de los datos de muestra, que necesita para realizar la normalización correcta. Esto se tratará con mucha más profundidad en Redes neuronales multicapa y entrenamiento por retropropagación.

Como regla general, utilizamos el término "parámetro", como en los parámetros de proceso, parámetros de entrenamiento, etc., para denotar las constantes que tienen valores por defecto que son asignados por el software cuando se crea la red (y que usted puede anular). Utilizamos el término "ajuste de configuración", como en el ajuste de configuración del proceso, para denotar las constantes que son asignadas por el software a partir de un análisis de datos de muestra. Estos ajustes no tienen valores por defecto y, por lo general, no deben ser anulados.

8.3 CREAR Y ENTRENAR ARQUITECTURAS DE REDES NEURONALES PERSONALIZADAS

El software Neural Networks Toolbox (Deep Learning Toolbox a partir de la versión 18)™ proporciona un tipo de objeto de red flexible que permite crear muchos tipos de redes y luego utilizarlas con funciones como init, sim y train.

Escriba lo siguiente para ver todas las funciones de creación de redes en la caja de herramientas.

```
help nnnetwork
```

Esta flexibilidad es posible porque las redes tienen una representación orientada a objetos. La representación permite definir varias arquitecturas y asignar varios algoritmos a esas arquitecturas.

Para crear redes personalizadas, comience con una red vacía (obtenida con la función de red) y configure sus propiedades como desee.

```
net = network
```

El objeto de red consta de muchas propiedades que puedes configurar para especificar la estructura y el comportamiento de tu red.

Las siguientes secciones muestran cómo crear una red personalizada utilizando estas propiedades.

8.3.1 Red personalizada

Antes de construir una red, hay que saber cómo es. Con fines dramáticos (y para hacer trabajar a la caja de herramientas) esta sección te lleva a través de la creación de la red salvaje y complicada que se muestra a continuación.

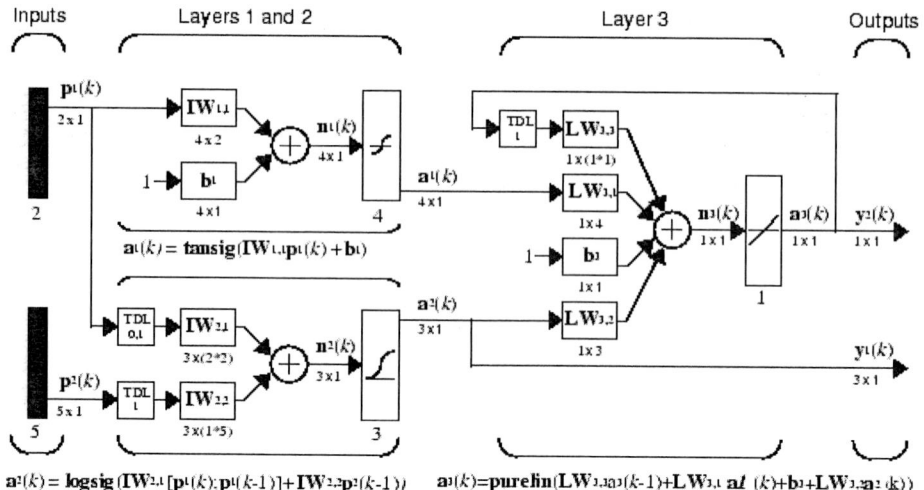

$$a^1(k) = tansig(IW_{1,1}p^1(k)+b^1)$$

$$a^2(k) = logsig(IW_{2,1}[p^1(k);p^1(k-1)]+IW_{2,2}p^2(k-1))$$

$$a^3(k)=purelin(LW_{3,3}a^3(k-1)+LW_{3,1} a^1 (k)+b^3+LW_{3,2}a^2 (k))$$

Cada uno de los dos elementos de la primera entrada de red debe aceptar valores entre 0 y 10. Cada uno de los cinco elementos de la segunda entrada de red va de -2 a 2.

Antes de completar el diseño de esta red, hay que especificar los algoritmos que emplea para la inicialización y el entrenamiento.

Los pesos y sesgos de cada capa se inicializan con el método de inicialización de capas de Nguyen-Widrow (initnw). La red se entrena con la retropropagación de Levenberg-Marquardt (trainlm), de modo que, dados los vectores de entrada de ejemplo, las salidas de la tercera capa aprenden a coincidir con los vectores objetivo asociados con un error cuadrático medio (mse) mínimo.

8.3.2 Definición de la red

El primer paso es crear una nueva red. Escribe el siguiente código para crear una red y ver sus numerosas propiedades:

```
net = network
```

Propiedades de la arquitectura

El primer grupo de propiedades que se muestra está etiquetado como propiedades de arquitectura. Estas propiedades permiten seleccionar el número de entradas y capas y sus conexiones.

- **Número de Entradas y Capas.** Las dos primeras propiedades que aparecen en el grupo de dimensiones son numInputs y numLayers. Estas propiedades le permiten seleccionar cuántas entradas y capas quiere que tenga la red.

```
net =

    dimensions:

        numInputs: 0

        numLayers: 0
```

Tenga en cuenta que la red no tiene entradas ni capas en este momento.

Cambie esto ajustando estas propiedades al número de entradas y al número de capas en el diagrama de red personalizado.

```
net.numInputs = 2;

net.numLayers = 3;
```

net.numInputs es el número de fuentes de entrada, no el número de elementos de un vector de entrada (net.inputs{i}.size).

- **Conexiones de polarización.** Escriba net y pulse **Enter** para ver de nuevo sus propiedades. La red tiene ahora dos entradas y tres capas.

```
net =

    Neural Network:

    dimensions:

        numInputs: 2

        numLayers: 3
```

Examine las siguientes cuatro propiedades del grupo de conexiones:

```
   biasConnect: [0; 0; 0]

  inputConnect: [0 0; 0 0; 0 0]

  layerConnect: [0 0 0; 0 0 0; 0 0 0]

 outputConnect: [0 0 0]
```

Estas matrices de 1s y 0s representan la presencia y ausencia de conexiones de sesgo, peso de entrada, peso de capa y salida. Actualmente son todos ceros, lo que indica que la red no tiene ninguna de estas conexiones.

La matriz de conexión de sesgo es un vector de 3 por 1. Para crear una conexión de sesgo a la i-ésima capa se puede establecer net.biasConnect(i) a 1. Especifique que la primera y tercera capas deben tener conexiones de sesgo, como indica el diagrama, escribiendo el siguiente código:

```
net.biasConnect(1) = 1;

net.biasConnect(3) = 1;
```

También puedes definir esas conexiones con una sola línea de código.

```
net.biasConnect = [1; 0; 1];
```

- **Conexiones de entrada y peso de las capas.** La matriz de conexiones de entrada es de 3 por 2, lo que representa la presencia de conexiones de dos fuentes (las dos entradas) a tres destinos (las tres capas). Así, net.inputConnect(i,j) representa la presencia de una conexión de peso de entrada que va a la iª capa desde la j^a entrada.

    Para conectar la primera entrada a las capas primera y segunda, y la segunda entrada a la segunda capa (como se indica en el diagrama de red personalizado), escriba

    ```
    net.inputConnect(1,1) = 1;

    net.inputConnect(2,1) = 1;

    net.inputConnect(2,2) = 1;
    ```

o esta única línea de código:

```
net.inputConnect = [1 0; 1 1; 0 0];
```

Del mismo modo, net.layerConnect(i.j) representa la presencia de una conexión de peso de capa que va a la capa i desde la capa j. Conecta las capas 1, 2 y 3 a la capa 3 de la siguiente manera:

```
net.layerConnect = [0 0 0; 0 0 0; 1 1 1];
```

- **Conexiones de salida.** Las conexiones de salida son una matriz de 1 por 3, lo que indica que se conectan a un destino (el mundo exterior) desde tres fuentes (las tres capas).

    Para conectar las capas 2 y 3 a la salida de la red, escriba

    ```
    net.outputConnect = [0 1 1];
    ```

Número de salidas

Escriba net y pulse **Enter** para ver las propiedades actualizadas. Las tres últimas propiedades de la arquitectura son valores de sólo lectura, lo que significa que sus valores están determinados por las elecciones realizadas para otras propiedades. La primera propiedad de sólo lectura en el grupo de dimensiones es el número de salidas:

```
numOutputs: 2
```

Al definir la conexión de salida de las capas 2 y 3, se ha especificado que la red tiene dos salidas.

Propiedades de los subobjetos

El siguiente grupo de propiedades en la pantalla de salida son los subobjetos:

```
subobjects:

           inputs: {2x1 cell array of 2 inputs}

           layers: {3x1 cell array of 3 layers}

          outputs: {1x3 cell array of 2 outputs}

           biases: {3x1 cell array of 2 biases}

     inputWeights: {3x2 cell array of 3 weights}

     layerWeights: {3x3 cell array of 3 weights}
```

Entradas

Cuando se establece el número de entradas (net.numInputs) en 2, la propiedad inputs se convierte en una matriz de celdas de dos estructuras de entrada. Cada una de las estructuras de entrada $(net.inputs\{i\})$ contiene propiedades adicionales asociadas a la i-ésima entrada.

Para ver cómo están dispuestas las estructuras de entrada, escriba

```
net.inputs

ans =

    [1x1 nnetInput]

    [1x1 nnetInput]
```

Para ver las propiedades asociadas a la primera entrada, escriba

```
net.inputs{1}
```

Las propiedades aparecen de la siguiente manera:

```
ans =

              name: 'Input'
    feedbackOutput: []
        processFcns: {}
      processParams: {1x0 cell array of 0 params}
    processSettings: {0x0 cell array of 0 settings}
   processedRange: []
    processedSize: 0
             range: []
              size: 0
          userdata: (your custom info)
```

Si establece la propiedad exampleInput, las propiedades range, size, processedSize y processedRange se actualizarán automáticamente para coincidir con las propiedades del valor de exampleInput.

Establezca la propiedad exampleInput como sigue:

```
net.inputs{1}.exampleInput = [0 10 5; 0 3 10];
```

Si examina de nuevo la estructura de la primera entrada, verá que ahora tiene nuevos valores.

La propiedad processFcns puede establecerse a una o más funciones de procesamiento. Escriba help nnprocess para ver una lista de estas funciones.

Establezca los rangos del segundo vector de entrada para que sean de -2 a 2 para cinco elementos como sigue:

```
net.inputs{1}.processFcns
{'removeconstantrows','mapminmax'};
```

Vea las nuevas propiedades de entrada. Verá que processParams, processSettings, processedRange y processedSize han sido actualizadas para reflejar que las entradas serán procesadas usando removeconstantrows y mapminmaxantes de ser dadas a la red cuando ésta sea simulada o entrenada. La propiedad processParams contiene los parámetros por defecto para cada función de procesamiento. Si lo desea, puede modificar estos valores. Consulte la página de referencia de cada función de procesamiento para saber más sobre sus parámetros.

Puede establecer el tamaño de una entrada directamente cuando no se utilizan funciones de procesamiento:

```
net.inputs{2}.size = 5;
```

- **Capas.** Cuando se establece el número de capas (net.numLayers) en 3, la propiedad layers se convierte en una matriz de celdas de estructuras de tres capas. Escribe la siguiente línea de código para ver las propiedades asociadas a la primera capa.

```
net.layers{1}

ans =

    Neural Network Layer

              name: 'Layer'
        dimensions: 0
       distanceFcn: (none)
     distanceParam: (none)
         distances: []
           initFcn: 'initwb'
       netInputFcn: 'netsum'
     netInputParam: (none)
         positions: []
             range: []
              size: 0
       topologyFcn: (none)
       transferFcn: 'purelin'
     transferParam: (none)
```

Escriba las siguientes tres líneas de código para cambiar el tamaño de la primera capa a 4 neuronas, su función de transferencia a tansig, y su función de inicialización a la función Nguyen-Widrow, como se requiere para el diagrama de red personalizado.

```
net.layers{1}.size = 4;

net.layers{1}.transferFcn = 'tansig';

net.layers{1}.initFcn = 'initnw';
```

La segunda capa debe tener tres neuronas, la función de transferencia logsig, y ser inicializada con initnw. Establezca las propiedades de la segunda capa a los valores deseados como sigue:

```
net.layers{2}.size = 3;

net.layers{2}.transferFcn = 'logsig';

net.layers{2}.initFcn = 'initnw';
```

Las propiedades de tamaño y función de transferencia de la tercera capa no necesitan ser cambiadas, porque los valores por defecto coinciden con los mostrados en el diagrama de la red. Sólo es necesario establecer su función de inicialización, como sigue:

```
net.layers{3}.initFcn = 'initnw';
```

- **Salidas.** Utilice esta línea de código para ver cómo se organiza la propiedad de las salidas:

```
net.outputs

ans =

    []    [1x1 nnetOutput]    [1x1 nnetOutput]
```

Observe que las salidas contienen dos estructuras de salida, una para la capa 2 y otra para la capa 3. Esta disposición se produce automáticamente cuando net.outputConnect se establece en [0 1 1].

Visualiza la estructura de salida de la segunda capa con la siguiente expresión:

```
net.outputs{2}

ans =

  Neural Network Output


             name: 'Output'
    feedbackInput: []
    feedbackDelay: 0
     feedbackMode: 'none'
       processFcns: {}
     processParams: {1x0 cell array of 0 params}
   processSettings: {0x0 cell array of 0 settings}
    processedRange: [3x2 double]
     processedSize: 3
             range: [3x2 double]
              size: 3
          userdata: (your custom info)
```

El tamaño se establece automáticamente en 3 cuando el tamaño de la segunda capa (`net.layers{2}.size`) se establece en ese valor. Mira la estructura de salida de la tercera capa si quieres verificar que también tiene el tamaño correcto.

Las salidas tienen propiedades de procesamiento que se aplican automáticamente a los valores de destino antes de que sean utilizados por la red durante el entrenamiento. Los mismos ajustes de procesamiento se aplican a la inversa en los valores de salida de las capas antes de que se devuelvan como valores de salida de la red durante la simulación o el entrenamiento de la misma.

De forma similar a las propiedades de procesamiento de entrada, establecer la propiedad exampleOutput hace que se actualicen automáticamente size, range, processedSize y processedRange. Establecer processFcns a una lista de matriz de celdas de nombres de funciones de procesamiento hace que se actualicen processParams, processSettings, processedRange. Si lo desea, puede modificar los valores de processParam.

- **Sesgos, pesos de entrada y pesos de capa.** Introduzca los siguientes comandos para ver cómo se organizan las estructuras de sesgos y pesos:

```
net.biases

net.inputWeights

net.layerWeights
```

Aquí están los resultados de escribir net.biases:

```
ans =
    [1x1 nnetBias]
    []
    [1x1 nnetBias]
```

Cada uno contiene una estructura en la que las conexiones correspondientes (net.biasConnect, net.inputConnect y net.layerConnect) contienen un 1.

Mira sus estructuras con estas líneas de código:

```
net.biases{1}

net.biases{3}

net.inputWeights{1,1}

net.inputWeights{2,1}

net.inputWeights{2,2}

net.layerWeights{3,1}

net.layerWeights{3,2}

net.layerWeights{3,3}
```

Por ejemplo, al escribir net.biases{1} se obtiene el siguiente resultado:

```
    initFcn: (none)
      learn: true
    learnFcn: (none)
  learnParam: (none)
       size: 4
    userdata: (your custom info)
```

Especifique las líneas de retardo de las derivaciones de los pesos de acuerdo con el diagrama de la red estableciendo la propiedad de retardo de cada peso:

```
net.inputWeights{2,1}.delays = [0 1];

net.inputWeights{2,2}.delays = 1;

net.layerWeights{3,3}.delays = 1;
```

Funciones de red

Escriba net y pulse de nuevo **Return** para ver el siguiente conjunto de propiedades.

```
functions:

        adaptFcn: (none)
      adaptParam: (none)
        derivFcn: 'defaultderiv'
       divideFcn: (none)
     divideParam: (none)
      divideMode: 'sample'
         initFcn: 'initlay'
      performFcn: 'mse'
    performParam: .regularization, .normalization
        plotFcns: {}
      plotParams: {1x0 cell array of 0 params}
        trainFcn: (none)
      trainParam: (none)
```

Cada una de estas propiedades define una función para una operación básica de la red.

Establezca la función de inicialización a initlay para que la red se inicialice a sí misma de acuerdo con las funciones de inicialización de capa ya establecidas a initnw, la función de inicialización de Nguyen-Widrow.

```
net.initFcn = 'initlay';
```

Así se cumple el requisito de inicialización de la red.

Establezca la función de rendimiento como mse (error cuadrático medio) y la función de entrenamiento como trainlm (retropropagación de Levenberg-Marquardt) para cumplir el requisito final de la red personalizada.

```
net.performFcn = 'mse';
net.trainFcn = 'trainlm';
```

Establezca la función de división como dividerand (dividir los datos de entrenamiento de forma aleatoria).

```
net.divideFcn = 'dividerand';
```

Durante el entrenamiento supervisado, los datos de entrada y de destino se dividen aleatoriamente en conjuntos de datos de entrenamiento, prueba y validación. La red se entrena con los datos de entrenamiento hasta que su rendimiento empieza a disminuir con los datos de validación, lo que indica que la generalización ha alcanzado su punto máximo. Los datos de prueba proporcionan una prueba completamente independiente de la generalización de la red.

Establezca las funciones de trazado como plotperform (traza el rendimiento de entrenamiento, validación y prueba) y plottrainstate (traza el estado del algoritmo de entrenamiento con respecto a las épocas).

```
net.plotFcns = {'plotperform','plottrainstate'};
```

Valores de peso y sesgo

Antes de inicializar y entrenar la red, escriba net y presione **Return**, luego mire el grupo de peso y bias de las propiedades de la red.

```
weight and bias values:
        IW: {3x2 cell} containing 3 input weight matrices
        LW: {3x3 cell} containing 3 layer weight matrices
         b: {3x1 cell} containing 2 bias vectors
```

Estas matrices de celdas de contienen matrices de pesos y vectores de sesgo de en las mismas posiciones que las propiedades de conexión (net.inputConnect, net.layerConnect, net.biasConnect) contienen 1s y las propiedades de subobjetos (`net.inputWeights`, `net.layerWeights`, `net.biases` contienen estructuras.

La evaluación de cada una de las siguientes líneas de código revela que todos los vectores de sesgo y las matrices de pesos están a cero.

```
net.IW{1,1}, net.IW{2,1}, net.IW{2,2}

net.LW{3,1}, net.LW{3,2}, net.LW{3,3}

net.b{1}, net.b{3}
```

Cada peso de entrada `net.IW{i,j}` , peso de capa `net.LW{i,j}`, y vector de sesgo `net.b{i}` tiene tantas filas como el tamaño de la i-ésima capa (`net.layers{i}.size`).

Cada peso de entrada `net.IW{i,j}` tiene tantas columnas como el tamaño de la j^a entrada (`net.inputs{j}.size`) multiplicado por el número de sus valores de retardo (`length(net.inputWeights{i,j}.delays)`). Asimismo, cada peso de capa tiene tantas columnas como el tamaño de la j^a capa (`net.layers{j}.size`) multiplicado por el número de sus valores de retardo (`length(net.layerWeights{i,j}.delays)`).

8.3.3 Comportamiento de la red

Inicialización

Inicialice su red con la siguiente línea de código:

```
net = init(net);
```

Vuelve a comprobar los sesgos y pesos de la red para ver cómo han cambiado:

```
net.IW{1,1}, net.IW{2,1}, net.IW{2,2}

net.LW{3,1}, net.LW{3,2}, net.LW{3,3}

net.b{1}, net.b{3}
```

Por ejemplo,

```
net.IW{1,1}

ans =

    -0.3040     0.4703

    -0.5423    -0.1395

     0.5567     0.0604

     0.2667     0.4924
```

Formación

Defina la siguiente matriz de celdas de dos vectores de entrada (uno con dos elementos, otro con cinco) para dos pasos de tiempo (es decir, dos columnas).

```
X = {[0; 0] [2; 0.5]; [2; -2; 1; 0; 1] [-1; -1; 1; 0; 1]};
```

Se quiere que la red responda con las siguientes secuencias objetivo para la segunda capa, que tiene tres neuronas, y la tercera capa con una neurona:

```
T = {[1; 1; 1] [0; 0; 0]; 1 -1};
```

Antes del entrenamiento, se puede simular la red para ver si la respuesta Y de la red inicial se acerca al objetivo T.

```
Y = sim(net,X)

Y =

    [3x1 double]    [3x1 double]

    [      1.7148]    [      2.2726]
```

La matriz de celdas Y es la secuencia de salida de la red, que es también la secuencia de salida de la segunda y tercera capas. Los valores obtenidos para la segunda fila pueden diferir de los mostrados debido a los diferentes pesos y sesgos iniciales. Sin embargo, es casi seguro que no serán iguales a los objetivos T, lo que también es cierto para los valores mostrados.

La siguiente tarea es opcional. En algunas ocasiones puede desear modificar los parámetros de entrenamiento antes de entrenar. La siguiente línea de código muestra los parámetros de entrenamiento de Levenberg-Marquardt por defecto (definidos al establecer `net.trainFcn to trainlm`)

```
net.trainParam
```

Deberían aparecer las siguientes propiedades.

```
ans =

    Show Training Window Feedback     showWindow: true
    Show Command Line Feedback showCommandLine: false
    Command Line Frequency                  show: 25
    Maximum Epochs                        epochs: 1000
    Maximum Training Time                   time: Inf
    Performance Goal                        goal: 0
    Minimum Gradient                    min_grad: 1e-07
    Maximum Validation Checks           max_fail: 6
    Mu                                        mu: 0.001
    Mu Decrease Ratio                     mu_dec: 0.1
    Mu Increase Ratio                     mu_inc: 10
    Maximum mu                            mu_max: 10000000000
```

No suele ser necesario modificar estos valores. Consulte la documentación de la función de entrenamiento para obtener información sobre el significado de cada uno de ellos. Se han inicializado con valores por defecto que funcionan bien para una amplia gama de problemas, por lo que no es necesario cambiarlos aquí.

A continuación, entrena la red con la siguiente llamada:

```
net = train(net,X,T);
```

El entrenamiento inicia la ventana de entrenamiento de la red neuronal. Para abrir los gráficos de rendimiento y estado de entrenamiento, haga clic en los botones de gráfico.

Después del entrenamiento, puedes simular la red para ver si ha aprendido a responder correctamente:

```
Y = sim(net,X)
```

```
[3x1 double]     [3x1 double]

[      1.0000]   [    -1.0000]
```

La segunda salida de la red (es decir, la segunda fila de la matriz de celdas Y), que también es la salida de la tercera capa, coincide con la secuencia objetivo T.